Arno Hildebrandt

Was mir so eingefallen ist...

Mancherlei Gedichte und gereimte Geschichten

Engelsdorfer Verlag

ARNO HILDEBRANDT

WAS MIR SO EINGEFALLEN IST...

MANCHERLEI GEDICHTE
UND GEREIMTE GESCHICHTEN

Bibliografische Information durch die Deutsche Nationalbibliothek: Die Deutsche Nationalbibliothek verzeichnet diese Publikation in der Deutschen Nationalbibliografie; detaillierte bibliografische Daten sind im Internet über http://dnb.dnb.de abrufbar.

ISBN 978-3-96008-394-8

Grafik, Satz, Typografie und Coverentwurf:
Arno Hildebrandt

Hergestellt in Leipzig, Germany (EU)
www.engelsdorfer-verlag.de

11,50 Euro (D)

Inhalt

Die Gedichte sind in Themenbereiche eingeordnet.
Jeder Themenbereich hat ein eigenes Inhaltsverzeichnis der darin enthaltenen Gedichte.

Vorwort

Was mir so eingefallen ist
im Zeitraum von recht vielen Jahren,
schrieb ich als Verse-Komponist
auf Zettel, um es zu bewahren.

Auch schrieb ich am Computer viel.
Mancher Gedanke – manch' Gedicht
ist so entstanden – ohne Ziel.
Verloren ging die Übersicht.

Zwei Lyrik-Bücher schrieb ich schon
mit festem Thema – inhaltsschwer.
So manche Vers-Inspiration
kam zwischendurch mir – nebenher.

Geschehnisse und viele Themen
notierte ich stets interessiert.
Um Einordnungen vorzunehmen,
hab' ich sie nun einmal sortiert.

Was ich erlebt – was ich erdacht,
Gedankenspiel, kleine Geschichten,
auch, was uns Menschen menschlich macht,
wollte in Reimen ich belichten.

Ob Traurigkeit, ob Kinderlachen,
alles weckt meine Fantasie..
So wurden teils profane Sachen
zu dichterischer Poesie.

Was ist ein lyrisches Gedicht,
wenn man mit Prosa es vergleicht?
Gewinnt die Sprache an Gewicht –
wirkt es – wie Seifenblasen – leicht?

Vergleichend seh' ich ein Gedicht
ähnlich, wie Seifenblasen schweben,
die kurz durch meinen Atem leben
im blau umrahmten Sonnenlicht.

Als Seifenblasen – groß und klein –
schick ich der Lyrik Hauch auf Reisen.
Doch, ob er ankommt, wird allein
sich bei den Lesern erst erweisen.

Themenbereich 1

Über Schreiben, Lesen, Sprache und Kultur

Warum ich Gedichte schreibe

Was sind die Gründe, die mich treiben,
ständig Gedichte aufzuschreiben?
Was konnte mich dazu verleiten,
sie noch per Buchdruck zu verbreiten?

Schreib ich, um Geld damit zu machen?
Entschuldigung – da muss ich lachen!
Hab' nicht nur Zeit zu investieren;
deshalb kann ich da nur verlieren.

Schreib ich vielleicht, um nach dem Sterben,
ewigen Ruhm noch zu erwerben,
herausgehoben aus dem Heer
der millionen Lyriker?

Solch Streben wäre nur Ballast –
Ein Reimschmied bin ich – kein Phantast.
Größenwahnsträume sind mir fern, –
schreib', was ich denk', in Versform gern.

Ich wünsch mir schon, dass man das liest,
was aus meinen Gedanken fließt –
dass ich auch mal so dann und wann
durch Zuspruch Mut erhalten kann.

Jedoch, um Reime aufzuschreiben,
sind dies die Gründe, die mich treiben:
Weil's Freude und Vergnügen bringt,
besonders dann, wenns auch gelingt!

Das Schreiben und die frische Luft

Vor dem Computer-Monitor
sitz' ich – und das kommt ständig vor.
Ich tippe auf ein Word-Doc hin
was mir so grad' kommt in den Sinn.
Themen, die mir im Geiste keimen
schreibe ich nieder dort – in Reimen.

Als ich gedankenvoll da sitz,
erleuchtet ein Gedankenblitz
mein Hirn. – Als ich ihn wahrgenommen,
vernehme ich – etwas verschwommen
die Stimme meiner Frau, die ruft:
»Du musst mal an die frische Luft!«

Doch Blitzen ist's nun mal zu Eigen,
dass sie sich ziemlich kurz nur zeigen.
Man sieht sie hell an einem Ort –
und schon sind sie auch wieder fort.
Auch der Gedankenblitz macht ›flutsch‹
und ist zunächst mal einfach futsch.

Doch meine Frau verfolgt recht heiter
und wohlwollend ihr Thema weiter:
»Du musst zudem dich mehr bewegen,
allein deiner Gesundheit wegen!
Werf' dich in deine Outdoor Kluft;
wir gehen an die frische Luft!«

Natürlich füg' ich mich darein,
denn schließlich seh' ich das ja ein.
Und – was gibt's schöneres auf Erden,
als liebevoll umsorgt zu werden?! –
Schön ist es, durch den Wald zu laufen
und einmal richtig durchzuschnaufen.

Wieder daheim nach einer Zeit,
ist's eine andre Müdigkeit
als die, nach dem Computersitzen –
ein Körper-, kein Gedanken-Schwitzen.
Gleichmäßig zirkuliert mein Blut.
Oh ja – die frische Luft tat gut!

Am nächsten Tag setz' ich mich wieder
voll Eifer vorm Computer nieder.
Doch denk' ich auch darüber nach,
was meine Liebste zu mir sprach;
zum Beispiel von der Sonne Kraft,
die mir Vitamin D verschafft.

Zum Spaß und auch zum Bildungszweck
fuhr meine Frau dann einmal weg.
Mit unsrer Enkelin verließ
sie mich – es zog sie nach Paris.
Nun hatte ich – gar keine Frage –
zum Schreiben ungestörte Tage.

So tippte ich – ohne zu rasten –
auf die computereignen Tasten.
Auch fiel mir – und das fand ich fein –
der Blitzgedanke wieder ein.
Ich schrieb ihn dann sogleich auch nieder,
damit ich ihn verlier nicht wieder.

Beinah' hätt' ich das Mittagessen
durchs Reimeschreiben noch vergessen.
Jedoch vergaß ich nicht danach,
was meine Frau sehr weise sprach!
Ich warf' mich in die Outdoor Kluft
und raus ging's, an die frische Luft.

Der Lyriker

Ein Mensch verfasst Gedichte nie
allein mit Geist und Fantasie;
er schreibt auch mit des Herzens Blut.
Daher tut es ihm auch so gut
wenn jemand seine Verse liest
und dabei gar die Zeit vergisst!
Denn wahr ist: Jedes Dichters Kunst
benötigt eines Lesers Gunst.

Ein Lyriker schreibt vor sich hin
und zweifelt oftmals an dem Sinn
seiner eigenen Schreiberei.
Doch das hindert ihn nicht dabei
weiter Gedichte zu verfassen.
Hat's ihn gepackt, kann er's nicht lassen!
Froh macht ihn, wenn sie jemand liest
und sie versteht und so geniest!

Über das Dichten

Hier möchte ich etwas berichten
über das Reimen und das Dichten:
Zuerst muss mal ein Thema her!
Dieses zu finden, fällt nicht schwer.
Dann braucht man eine Überschrift
wie bei der E-Mail das „Betrifft".

Jetzt muss man es jedoch verstehen,
mit seiner Sprache umzugehen,
denn man braucht da für manchen Satz

einen recht großen Wörterschatz
zur Überwindung mancher Tücken,
um das Gewollte auszudrücken.

Doch beim Gedicht – was manche meinen –
muss sich nicht immer alles reimen.
Ein solcher Zwang bestand noch nie;
doch wichtig ist die Poesie!
Und diese lässt sich niemals normen;
Und doch gibt es sehr viele Formen.

In meinen Sinn kommt mir da grade
die versgebundene Ballade,
welche Geschichten aufbereitet
und sie lyrisch gefasst verbreitet.
Ziemlich dramatisch sie oft klingt –
jedoch nicht zwingend unbedingt.

Die Hymne sei hier auch genannt,
welche als Lobpreisung bekannt.
Doch nicht auf Götter, Helden nur –
auf Freundschaft, Vaterland, Natur,
auf Freiheit, Frieden und aufs Lieben
ward manche Hymne schon geschrieben.

Erwähnen will ich auch das Lied,
welches man als Sonett oft sieht
und das besonders reizvoll klingt,
wenn man es vorliest oder singt,
denn es hat meistens in der Tat
ein sehr ästhetisches Format.

Gedichte können derb und fein,
frivol und auch sehr lustig sein.
Bei Erhardt (Heinz) und Eugen Roth
lachte sich mancher schon halbtot;
denn der Humor hat auch Gewicht!
Heinz sprach dann gern: »Noch'n Gedicht«.

Sinnschwanger und nicht gleich ganz klar
stellt sich eine Parabel dar.
Hier fordert das Gedicht zugleich
des Lesers Vorstellungsbereich,
weil da oft rätselhaft erscheint,
was im Vergleich der Dichter meint.

Ähnlichen Anspruch stellt auch die
poetische Allegorie.
Kunstvoll verschleiert stellt sie dar,
was ist, was sein wird oder war.
Sie drückt sich in Metaphern aus –
ein neuer Sinn entsteht daraus.

Erzählfroh, sinnvoll und passabel,
zeigt sich seit Urzeiten die Fabel.
Zumeist sind es hier Tiergeschichten,
die über Vorfälle berichten,
welche vom Greise bis zum Kind
moralisch leicht zu deuten sind.

Es würde wohl zu weit hier führen,
alle Rubriken anzuführen.
Doch gab ich hier – als kleines Stück
Deutung – den kurzen Überblick.
Man muss beim Lesen nicht dran denken,
um vom Gedicht nicht abzulenken!

Es liest der Mensch im Allgemeinen
gerne Gedichte, die sich reimen;
deshalb vergesse man auch nicht
die Rhythmik bei einem Gedicht,
denn dann wird auch der Worte Fluss
für jeden Leser ein Genuss!

Die Macht der Bücher

Bücherregale – voll und prächtig –
wirken für sich allein schon mächtig,
weil all' die bunten Bücherrücken
bereits beim Anschauen entzücken –
die beim Besehn von ihren Titeln,
des Eigners Bildungsstand vermitteln.
Doch erbte dieser die Lektüren,
kann's auch zu falschen Schlüssen führen –
Und somit haben Bücher schon
die Macht zur Manipulation.

Die Macht der Bücher aufzuspüren,
ließ ich durchs Lesen mich verführen.
Ich stieß zunächst auf den Beginn –
wie's kam zu diesem Machtgewinn:

Zuerst schrieb man der Zeiten Lauf
gewissenhaft in Büchern auf.
Erlebtes hat man dargestellt
und was passierte auf der Welt.

Der großen Herrscher Pracht und Macht,
hat man unsterblich so gemacht.
Sie haben Siege zwar errungen –
Nachruhm ist durch das Buch gelungen.

So war's auch bei den Religionen:
Bücher sollten sich letztlich lohnen,
um Botschaften für alle Zeiten
zwecks Missionierung zu verbreiten.

Bücher schrieb man per Hand zwar prächtig,
doch wen'ge war'n des Lesens mächtig.
Zudem konnten die allermeisten
Menschen sich Bücher gar nicht leisten.

Bücher hatten nur die Studierten
und die Adelsprivilegierten
in der privaten Bücherei.
Doch diese Zeit ist längst vorbei.

Erst der erfund'ne Bücherdruck
gab der Verbreitung einen Ruck

und half der Menschheit auf die Spur
zum Wachstum der Literatur!

Heute kann wohl fast jeder lesen.
Bücher mit vielen Lehren, Thesen –
Themen in unfassbarer Zahl
stehen den Menschen heut' zur Wahl.

Das gab dem Bücher-Medium
Chancen zur Machterweiterung.
Dies nutzt uns zwar vor allen Dingen –
doch kann es Ungutes auch bringen.

Die Bibel sowie der Koran
haben der Menschheit gut getan.
Doch haben dieser Bücher Macht
zu oft auch Krieg und Leid gebracht.

Da liegt die Frage nah: Warum? –
Sind Menschen tatsächlich so dumm?
Da schildert einer seinen Kampf –
Fazit: Tod, Schutt und Pulverdampf.

Bücher sind meinungsbildend mächtig!
Manche sind arg und niederträchtig.
Vor solchen sei man auf der Hut.
Die meisten Bücher doch sind gut.

Heut' kann man Bücher kaum entbehren!
Sie unterhalten und belehren.
Nahrung sind sie für unsren Geist,
was deutlich ihre Macht beweist.

Die literarischen Genres –
zähl ich sie auf? – Ich lasse es!
Prosa und Lyrik nenn' ich nur;
dort geh' ein jeder selbst auf Tour.

Ob bildend oder trivial,
ob auf Papier, ob digital,
genieße Bücher mit Bedacht
und ihre Sucht fördernde Macht.

Anglizismen

In unsrem deutschen Sprachgebrauch
gibt es die Anglizismen auch.
Grade bei *Teenies* und bei *Twens*
vernimmt man deutlich die Tendenz.
Um mich darauf mal einzulassen,
wollt' eine *Story* ich verfassen
und dort im *Script* vor allen Dingen,
clever die Worte anzubringen:

˘

Ein *Oldie* – in den besten Jahren –
hat durch *Publicity* erfahren,
dass er als *smart gestylter* Mann
sein *Image* stark verbessern kann.

Er hat sich animieren lassen,
dem *Dress* ein *Update* zu verpassen.
Es machte ihn nicht wirklich *high* –
doch *cool* dacht' er für sich dabei:

»Mein *Outfit* ist wohl nicht mehr *in*,
da ich kein *Freak* von *Fashion* bin.«
Doch hat er *Online* schon erspäht,
was *trendy* ist und *up to Date*.

Voll *Power* startet er zum *shoppen*;
die Einkaufslust war kaum zu stoppen.
Per *Shuttle Bus* kam er sodann
recht nahe auch am Zielort an.

An vielen *Shops* der *City Mall*
steht SALE! – Er checkt es und fand's toll!
Sein *Feeling* sagte ihm da klar:
man geizt mit Buchstaben sogar.

Dank *Cleverness* kapiert er jetzt:
»Die Preise sind herabgesetzt.«
Er dachte: »So ist immerhin
auch ein *Cafe to Go* mit drin.«

Doch hatte er nicht viel vom *Drink*.
Ein *Biker* fuhr vorbei gar flink

und stieß ihn an – rief nicht mal *sorry*.
Ein übles *Foul* in dieser *Story*.

Doch weiter suchte er indes
nach *Underwear* und *Overdress*.
Groggy vom Laufen kam er dann
Recht *down* im *City Center* an.

Hier sah er wirklich *Shop* an *Shop* –
Verkäufer taten ihren *Job*.
Durch das *Knowhow* des Manns betört,
kaufte er *Jeans* – dazu ein *Shirt*.

Damit bepackt – *happy* gelaunt,
vernahm er plötzlich einen *Sound*
von einer *Country Music Band*.
– Ein *City Manager-Event*. –

Weil er den *Sound* so *groovy* fand,
ging er dort an den *Fast Food*-Stand,
denn die *Band* spielte da am Eck.
Dort gönnte er sich einen *Snack*.

Die *Songs* der *Boy's* machten ihn froh,
drum blieb er noch was bei der *Show*.
Ein *Selfie* machte er dann doch
per *Handy* vor der *Group* schnell noch.

Ein *Picture* als ein Souvenir –
so konnt' er zeigen: Ich war hier!
Happy ging er nach Hause dann.
Er hat *geshoppt* und hatte *Fun!*

^

Ich komme hier wohl eher schlecht
mit dieser Ausdrucksart zurecht.
Oft ist sie kurz und originell,
drum akzeptiert man sie so schnell.
Doch fürcht' ich, dass man leicht vergisst,
wie schön die deutsche Sprache ist.
Darüber denk' ich nach – im Stillen –
und ziehe mich zurück – zum *Chillen*.

Die Krönung der Sprache

Erst gab es Laute, dann das Wort,
um die Gedanken kundzutun; –
verschieden doch von Ort zu Ort,
drum gibt es viele Sprachen nun.
Nach diesem Fortschritt – dem enormen –
konnten die Menschen Sätze formen,
um sich in alltäglichen Sachen
deutlich verständlich auch zu machen.

Später doch gab man sich hienieden
mit **nur** dem Sprechen nicht zufrieden.
Man wollt' mit Bildern und mit Zeichen
auch die Verständigung erreichen.
Danach sind Buchstaben entstanden,
die aneinander dann gereiht,
als Worte sich zusammen fanden.
Sätze formte man zu der Zeit.

Mit Schriften wollte man bewahren,
was seinerzeit man hat erfahren.
Von manchem, was dereinst passiert
wären wir heut' nicht informiert.
Anfangs wollte man nur berichten –
festhalten, was geschehen war.
Später erfand man auch Geschichten,
die bot man als Romane dar.

Die Sprache wurde kultiviert,
man wählte Worte sorgsam aus.
Einige, die darin versiert,
machten Theaterstücke draus.
Zur Prosa strahlt die Lyrik jetzt;
Rhythmik mit Sinn ist ihre Sache.
Geistvoll bereichernd eingesetzt
ist sie die Krönung jeder Sprache!

Gedichte lesen!

Der Mensch liest massenweise Prosa,
von harter Lesekost bis rosa,
historisches und Zukunftsträume
öffnen neue Gedankenräume.

Krimis liest man in einem Zug,
es geht einem nicht schnell genug,
weil deren Spannung weitertreibt.
Gibt es da einen Wert, der bleibt?

Die Lehrbücher in großer Zahl
liest man mitunter zwei- dreimal.
Manche quälen sich da herum,
doch nötig ist's, sonst bleibt man dumm.

Jedoch in der Literatur
gibt es nicht solche Schriften nur.
Im Land der Dichter und der Denker
macht man auch mal 'nen Lyrik-Schlenker.

Dass Sie jetzt diese Zeilen lesen,
beweist Ihr interessiertes Wesen
sowie auch Freude am Gedicht.
Ein Selbstverständnis ist das nicht.

In Reimen formulierte Sprache
ist nun nicht jedes Lesers Sache.
Manches Gedicht blieb uns jedoch
von früher im Gedächtnis noch.

Manch alter Mensch wird's sicher wagen,
noch Schillers Glocke aufzusagen.
Dazu ›Der Taucher‹ (die Ballade),
kriegt man zusammen noch so grade.

Wer spät noch ritt durch Nacht und Wind,
fällt einem da auch ein geschwind.
›Der Schatzgräber‹ – gleichfalls von Goethe –
mancher noch auswendig darböte.

Das ›Heideröslein‹ – Goethes Hit –
gibt man den Nachkommen stets mit.

Dieses Gedicht wurde gekonnt
von Komponisten auch vertont.

So ist's dem ›Abendlied‹ ergangen,
der Text: ›Der Mond ist aufgegangen‹,
das Adalbert Chamisso schrieb
und uns bis heut' erhalten blieb.

Dem Poesie enthaltnen Reim
geht man nachhaltig auf den Leim.
Manches bleibt im Gedächtnis kleben
von Kindheit an ein ganzes Leben.

Drum sind Gedichte so gemacht,
dass man sie aufnimmt mit Bedacht –
dass Botschaften, die dort versteckt,
im Doppelsinn man oft entdeckt.

Beim Lesen der gereimten Worte
öffnet sich eine neue Pforte
zu einer musischen Struktur,
die sich nicht zeigt in Rhythmik nur.

Man schaut hindurch auf eine Lichtung –
auf Textinhalte in Verdichtung,
welche auf ein Verständnis zielt;
mal hintergründig – mal verspielt.

Das, was Heinz Erhardt, Eugen Roth,
verschmitzt und ernst uns Lesern bot,
kann man genießen auch am Tresen.
Wohlan – auch mal Gedichte lesen!

Vom Wert der Kultur

Menschen, die kulturelles tun,
sind von Natur aus Optimisten!
Sie schaffen mit Begeisterung –
sind allesamt Idealisten.

Die Politik ist zwar entzückt
über das, was die Szene macht.
Ums Fördern man sich meistens drückt,
denn daran wird zuletzt gedacht.

Ob bildnerisch, ob musikalisch,
ob darstellend, ob literarisch,
steh'n sie ganz unten auf den Listen
von Dingen, die sie fördern müssten.

Kulturschaffende jeder Art
schaffen – wie das Wort sagt – Kultur!
Warum nur – sei hier mal gefragt –
fördert man sie so wenig nur?

Kultur benötigt Musentempel!
Treulich zu pflegen das Gemäuer,
fehlt oft der Finanzierungsstempel,
weil's den Politikern zu teuer.

Mit kleinstmöglichen Subventionen
glaubt man, man mache alles richtig.
Für andres gibt man Millionen! –
Hält man Kultur für nicht so wichtig?

Ich denk', die Sichtweise ist dumm!
Gebt Dünger auf die Kultur-Keime!
Kuturschaffen ist wichtig, drum
komm ich zum Anfang dieser Reime:

Menschen, die kulturelles tun,
sind allesamt Idealisten.
Sie schaffen mit Begeisterung –
bleiben beharrlich Optimisten!

O

Plagiate

Es gab ja schon seit langer Zeit
um Plagiate recht viel Streit.
Das Thema – presseseits belegt –
hat mich auf- und auch angeregt.
Deswegen konnte ich's nicht lassen,
darüber Verse zu verfassen.

Für das ›Dr.‹ vor ihrem Namen,
viele auch andrer Texte nahmen;
doch nicht vergessen darf man eben,
die Herkunftsquelle anzugeben!
Für einen echten Doktortitel
stahl mancher einfach Fremdartikel.
Merkt man es dann – sei's auch nach Jahren –
gibt's ein entsprechendes Verfahren,
dass man den Titel aberkennt. –
Haben die Prüfer denn gepennt,
als sie den Titel einst vergaben?
Ich denke, dass auch sie Schuld haben,
denn offenbar prüften sie schlecht
und wurden dadurch ungerecht.
Die prüfenden Kapazitäten
an diesen Universitäten
stellten – so folgre ich daraus –
sich selbst ein schlechtes Zeugnis aus.

Für so was fehlt mir das Verständnis,
drum geb' ich folgendes zur Kenntnis:
Fürs Dichten musst' ich nicht studieren –
hab' keinen Titel zu verlieren.
Vergesst den Plagiatsverdacht;
die Verse hab' ich selbst gemacht!

Themenbereich 2

Geschichten verdichtet

Der Knabe und der alte Mann

Es trafen sich mal irgendwann
ein Knabe und ein alter Mann.
Der Mann saß auf 'ner Bank; – im Nu
setzte ein Knabe sich dazu.

Der Mann sah – scheinbar ohne Sinn –
still und zufrieden vor sich hin.
Der Knabe hat ihn nicht gekannt,
doch hat ihn Neugier übermannt.

»Warum« fragte der Knabe leise
»sagt man, im Alter sei man weise?
Ich dachte,« so der Knabe sprach,
»lässt doch im Alter vieles nach.«

Recht überrascht sah nun der Mann
den Knaben neben sich erst an.
Dann nickte freundlich er und sprach:
»Nun ja, es lässt so manches nach.

Zum Ziel, das man sonst schnell erreicht,
kommt man jetzt später, weil man schleicht.
Vom kahlen Kopfe bis zum Zeh
tut einem irgendetwas weh.«

»Es tut mir leid,« sagte der Knabe,
»falls ich Sie hier beleidigt habe.«
Der alte Mann jedoch sprach heiter:
»Ich rede gern darüber weiter.

Denn Wichtiges im langen Leben,
soll man den Jungen weitergeben.
Doch ist des Altwerdens Vermächtnis –
man spürt auch Lücken im Gedächtnis.«

»Genau das ist es,« sprach der Knabe,
»was ich mir oft gedacht schon habe.
Deshalb verstehe ich ja nicht,
dass man von Altersweisheit spricht.«

Der alte Mann sprach darauf nun:
»Weisheit hat damit nichts zu tun.
Die Weisheit kann man nicht studieren,
denn sie entsteht durchs Ausprobieren.

Das Leben gibt der Weisheit Nahrung –
es ist die Summe an Erfahrung,
die einen Menschen weise macht,
wenn er darüber nachgedacht.«

Der Knabe sah darauf den Mann
voller Erwartung fragend an.
Dieser sprach drum: »Ich kann dir eben
vielleicht ein kleines Beispiel geben:

Wie ich aus meiner Kindheit weiß,
kommt's vor, dass oft im Freundeskreis
Mutproben werden ausgedacht,
die man – weil man nicht feig' ist – macht.

Jetzt stell' dir vor, an einem Tage
kämst du in eine solche Lage.
Du springst von einem hohen Stein
und brichst dir durch den Sprung ein Bein.

Nach der Genesung – frag' ich nun:
Würdest du das noch einmal tun?«
Der sprach mit lachendem Gesicht:
»So blöd bin ich natürlich nicht!«

Der Alte sprach: »Hast du entdeckt,
wie viel Weisheit schon in dir steckt?
Du hast darüber nachgedacht,
dass man Fehler nicht zweimal macht.

Du wirst gewiss in vielen Jahren
manche Situation erfahren.
Denk' weiter so – und irgendwann
bist du ein weiser alter Mann!«

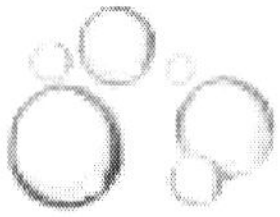

Der Student und der Professor

Ein Schüler, der recht kunstbeflissen,
wollt' sein Talent bestätigt wissen.
Sehr selbstbewusst sah er sich drum
nach guten Möglichkeiten um.
»Auf einer Kunstakademie
werd' ich gewiss bald ein Genie,«
dacht' er. – Vom Ehrgeiz angetrieben,
hat er sich dort auch eingeschrieben.
Mitten in der Studentenmasse
waren die meisten auch ganz klasse!

Nun stand er froh und voll dabei
vorm Malgrund auf der Staffelei
der großen Universität –
und seine Kreativität
ließ er voll Eifer hier heraus.
Für ihn sah's genial schon aus.
Doch schien's, des jungen Schülers Kunst,
erzielte nicht des Lehrers Gunst.
Denn der begann zu kritisieren
und manches sollt' er korrigieren.

Doch der Student wollt's nicht verstehen, –
hat es auch gar nicht eingesehen.
Er sprach: »Ich will beim Kunstgestalten
mich ungezwungen frei entfalten!
Richtlinien, Regeln,« sprach er stur,
»hemmen den Geist des Künstlers nur!
Beuys sagte doch, die Kunst sei frei, –
dass jeder Mensch ein Künstler sei.«
Nun hakte der Professor nach
indem er zum Studenten sprach:

»Doch hatte Beuys auch ungeniert
seine Studenten wohl sortiert.
Bei aller Souveränität
gehört zur Kunst auch Qualität!
Die große Einzigartigkeit
kommt nicht von selbst, es tut mir leid.
Mit Selbstherrlichkeit bleibt man klein!
Lernen verhilft zum Größersein!
Wer Grundlagen nicht lernt und kennt,
ist wohl beratungsresistent«.

Der Schüler sprach: »Eins ist doch Fakt:
Van Gogh war doch Autodidakt;
er sah doch Richtlinien als nichtig«!
Der Lehrer: »Das ist so nicht richtig.
Er hatte Lehrbücher studiert –
an Künstlern sich auch orientiert.
Mit seiner Lernbegierigkeit
verbrachte er enorme Zeit! –
Was meinen sie – mein Herr – warum«?
Des Schülers Mund blieb darauf stumm.

Der Lehrer sprach: »Man könnte meinen,
Kunst-Autodidakt – da gäb's nur einen.
An Bacon, Cezanne, Spiztweg, Penk,
an Kirchner, Warhol ich auch denk', –
jeder als Ausnahmeerscheinung!
Sind sie denn wirklich nun der Meinung,
dass Sie sich in den Kunstbereichen
solcher Genies können vergleichen?
In diesem Fall,« so fuhr er fort,
»sind sie wohl hier am falschen Ort!«

»Ja«, lenkte der Student jetzt ein,
»ich möcht' ein guter Künstler sein!
Ja, Herr Professor, – hab' kapiert,
was Sie sehr deutlich formuliert.
Ich sollte aufgeschlossner sein,
denn nichts erreicht man ganz allein.
Damit man's als Studierter packt
oder auch als Autodidakt,
braucht man dazu noch – ungetrennt –
Ausdauerwille zum Talent«.

Die Anspannung verschwand im Nu.
Der Herr Professor sprach dazu:
»Ein Lehrer kann Schülern fürs Leben
Grundlagen zur Entwicklung geben.
Drum achte auch den Rat der Alten. –
Trotzdem kannst dich frei entfalten.«
Der Kunststudent, der gern' allein schafft,
blieb in der Studiengemeinschaft.
Ob heut' sein Werk die Welt besticht? –
Wer weiß das schon? – Ich weiß es nicht.

O

Der dumme und doch schlaue Esel

An einem Tag – so Ende Mai –
hörte der Bauer ein Geschrei,
das er von seinem Esel kannte,
weshalb er eilends los gleich rannte,
denn so, wie jetzt sein Esel schrie,
hörte er ihn zuvor noch nie!

Weil sein Tier in den Brunnen fiel,
fand er durchs Hören nur sein Ziel.
Darin war zwar kein Wasser mehr,
doch schwer erreichbar tief war er.
Der Bauer überlegte nun,
was er zur Rettung könne tun.

Dabei wurde dem Bauern klar,
dass dieser Esel alt schon war.
Rausholen wäre nicht verkehrt!
Doch ist das noch der Mühe wert?
Letztendlich kam er zu dem Schluss,
dass man sein Leid verkürzen muss,

Wie er dies tun wollte, war aber
auch für ihn selber recht makaber.
Zum Zuschaufeln war er bereit!
Doch das brauchte auch seine Zeit.
So musst' er seine Nachbarn bitten,
den Brunnen mit ihm zuzuschütten.

Und seine Nachbarn packten dann
hilfreich und fleißig auch mit an.
Als dann der Esel plötzlich Sand
auf seinem Rücken störend fand,
schüttelte er ihn gleich herunter
und trat ihn fest – erstaunlich munter.

Je mehr vom Schmutze kam von droben,
kam er stets immer mehr nach oben.
Als sie vom Schaufeln abgelassen,
konnten die Helfer es kaum fassen,
dass dieser Esel, gar nicht bang
recht fröhlich aus dem Brunnen sprang.

Der Esel hat – zwar unbedacht –
mal einen falschen Schritt gemacht;
durch diesen fiel er tief hinab.
Der Bauer mühte sich nun ab,
des Tieres Leiden durch das Stürzen
durch Zuschüttung ihm zu verkürzen.

Der Sand, der auf den Esel kracht,
hat diesen nun hellwach gemacht,
worauf er mit Instinkt-Verstand
jetzt seinen Weg zur Lösung fand.
Er schüttelt ab die schmutz'gen Sachen,
um den Befreiungsschritt zu machen!

Was will uns die Geschichte sagen?
Das Leben wird an vielen Tagen
auch Schmutz und Hindernisse bringen.
Doch kann es oftmals auch gelingen,
Unangenehmes abzuschütteln
und sich froh wieder aufzurütteln!

Lerne – oh Mensch – von diesem Trick!
Finde zum Mut wieder zurück,
aus dumm gelaufenem Geschehen
glücklich befreit hervorzugehen.
Zum Glück – teilt uns das Gleichnis mit –
verhilft sehr oft der richt'ge Schritt.

*(Frei nach einer
englischsprachigen Prosa-Geschichte
eines mir unbekannten Autors)*

Feuer

Eine Frau mit Chick und Charme
– eines jeden Mannes Schwarm –
fühlte geborgen sich und warm
in eines treuen Mannes Arm.

Nach einer Zeit doch kam ein Neuer
entfachte ihres Herzens Feuer.
Er war verliebt und auch kein Scheuer –
sagte: Du bist mir lieb und teuer!

Und er umwarb sie auch beflissen.
Sie war nun hin- und hergerissen
und sie befragte ihr Gewissen:
Werd' ich den jetzgen Mann vermissen?

Sie fühlte sich nun auch bedrängt –
hat ihren Blick zurückgelenkt.
Der Körperteil, mit dem man denkt,
hat ihr Erkenntnis dann geschenkt.

Mit diesem Einsatz von Verstand
dann auch das Herz die Ruhe fand.
Von dem so schnell entfachten Brand
blieb ein Rest Asche noch im Sand.

Sehn wir die Sache nun mal so:
Es brannte wahrlich lichterloh.
Das machte glücklich zwar und froh,
doch es war Feuer nur von Stroh!

Spielplatz-Szenerie (Eine Parabel)

Auf einem Spielplatz – irgendwo –
spielten die Kinder frisch und froh.
So kam es, dass am Spielplatzrand
ein Bub ein tolles Spielzeug fand.

„Oh, prima", dacht' der Knabe sich,
„das Teil behalte ich für mich."
Er zeigte stolz auch seinen Fund
und tat laut seine Freude kund.

Als dies ein andrer Bub gehört,
lief er dort hin und rief empört:
„Was soll das, was erlaubst du dir,
gib her, das Teil da gehört mir!"

Der Finder sprach: „Das ist ja dreist!
Du kriegst es, wenn du mir beweist,
dass dir gehört, was hier lag rum.
Gäb' ich's dir so, wär' ich schön dumm."

Klar – diese laute Streiterei
lockte noch andere herbei.

Sie haben sich mit eingemischt
und äußerten: „So geht das nicht!

Gib also schnell das gute Stück
dem es gehört, wieder zurück."
Sogar ein Mädchen war noch da
und sagte tadelnd: „Na – na – na!"

Ein Zwischenruf war da sehr toll,
wie man den Streit beenden soll:
„Teilt es euch doch – so wird es gut –
dann ist es allerdings kaputt!"

Nun kam herbei ein größrer Knabe
und sprach mit dummstolzem Gehabe:
„Weil ich, was Recht ist, unterstütze,
bekommst du gleich eins auf die Mütze!"

Doch der hielt sein gefundnes Gut
fest in der Hand und sprach voll Mut
„Von mir kriegst du eins ins Genick!"
Ja – das ist Kinderpolitik!

Es war nichts mehr, wie's vorher war.
Zwei Gruppen gab es nun sogar.
Eine sah – was passiert war – recht,
die andre fand dies aber schlecht.

Streit gab es auch untereinander;
sie spielten nicht mehr miteinander.
So waren alle jetzt betroffen!
Das Endergebnis doch blieb offen.

Kindergezänk – so sollt' man meinen!
Doch ist's im Großen wie im Kleinen
auf allen Plätzen unsrer Welt,
habe ich leider festgestellt!

Der Sternewerfer

Ein morgendlicher Gang am Strand
war Usus für Herrn Eiseley.
Bei jeder Witterung empfand
er Glück und neue Kraft dabei.
Die Flut hatte dort in der Nacht
Seesterne massenhaft gebracht.
Die lagen jetzt am ganzen Strand
hilflos herum im feuchten Sand.

Der Strand war meistens menschenleer
und er war ganz alleine da.
Drum wunderte er sich schon sehr,
als er dort einen Knaben sah.
Hockend nahm der vom feuchten Sand
Seestern um Seestern in die Hand
und warf sie eifrig – Stück für Stück –
mit Schwung wieder ins Meer zurück.

Herr Eiseley sah dieses Tun
und dachte: »Welch ein seltner Spaß«.
Doch fragte er den Jungen nun:
»Sag' mir, weswegen machst du das?«
Der sprach: »Die Sonne wird bald brennen!
Die können nicht zum Wasser rennen.
Ich helfe ihnen aus der Not,
tu' ich es nicht, sind sie bald tot!«

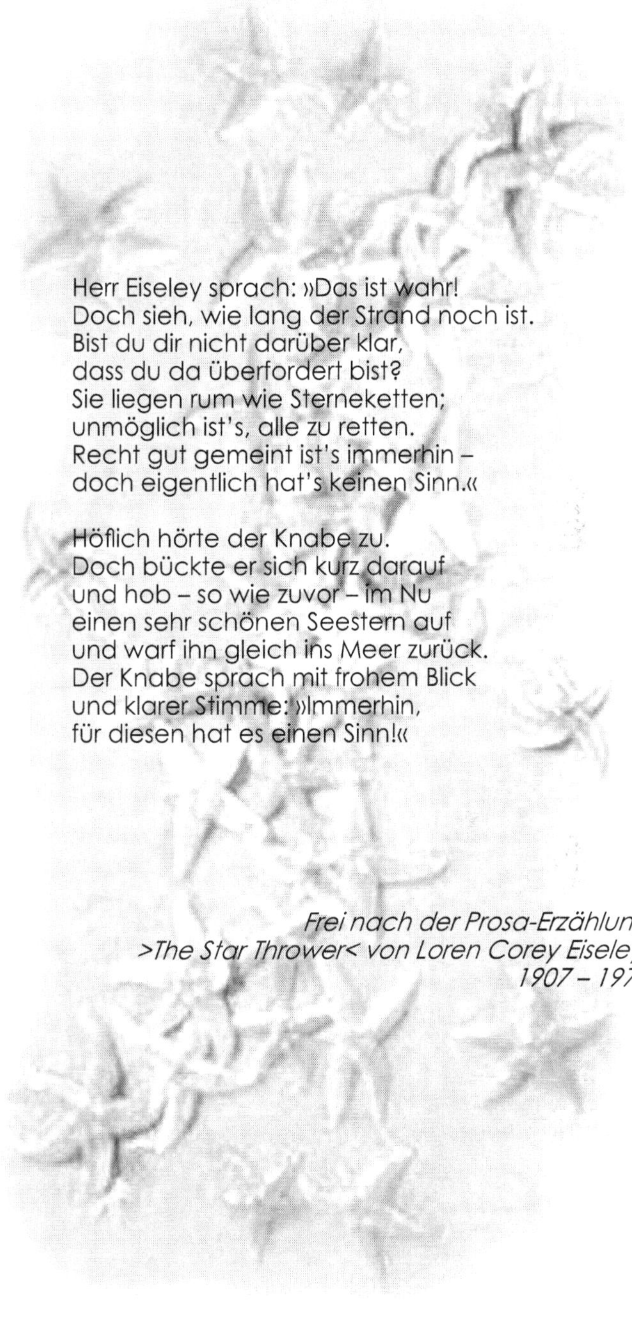

Herr Eiseley sprach: »Das ist wahr!
Doch sieh, wie lang der Strand noch ist.
Bist du dir nicht darüber klar,
dass du da überfordert bist?
Sie liegen rum wie Sterneketten;
unmöglich ist's, alle zu retten.
Recht gut gemeint ist's immerhin –
doch eigentlich hat's keinen Sinn.«

Höflich hörte der Knabe zu.
Doch bückte er sich kurz darauf
und hob – so wie zuvor – im Nu
einen sehr schönen Seestern auf
und warf ihn gleich ins Meer zurück.
Der Knabe sprach mit frohem Blick
und klarer Stimme: »Immerhin,
für diesen hat es einen Sinn!«

Frei nach der Prosa-Erzählung
>The Star Thrower< von Loren Corey Eiseley,
1907 – 1977

Das Lebensabenteuer

Als einst das Mädchen Astrid
auf einem dünnen Ast ritt,
der unter Ihrer Last litt,
bog dieser sich darauf.
Die Mutter voller Hast schritt
zum Kind, welches vom Ast glitt,
zudem lief noch ein Gast mit;
sie fingen Astrid auf.

Ein Sturz ward so verhindert,
der Schreckmoment gelindert,
doch es war nicht vermindert
des Mädchens Kletterlust.
Auch später dann im Leben
als Frau war ihr Bestreben
sich aufwärts zu begeben.
Unten empfand sie Frust.

Mit Neugier, Ehrgeiz, Traute,
sie in die Zukunft schaute,
auf Zuversicht sie baute –
suchend des Lebens Sinn.
Sie war sich auch im Klaren
bezüglich der Gefahren,
die oftmals um sie waren,
doch sah sie auch Gewinn!

So kletterte sie weiter
auf ihrer Lebensleiter.
Nicht immer war es heiter,
nicht alles wollt' gelingen.
Wenn sie jetzt an 'ner Last litt,
gedachte sie der Astrid,
die einst auf einem Ast ritt
und derer, die sie fingen.

Nun ja – so ist's mal eben,
wenn wir in unsrem Leben
ständig nach höh'rem streben,
sind Fehltritte oft teuer.
Wenn Menschen zu dir stehen,
wenn Unbill dir geschehen,
kann's munter weitergehen –
das Lebensabenteuer.

Der Ostereier-Brauch

Fragen Sie sich nicht manchmal auch,
wie's kam zum Ostereier-Brauch?
Deutungen gibt's – gute und miese;
am besten doch gefällt mir diese:

Sehr lange gibt's die Tradition
des religiösen Fastens schon.
Nichts tierisches sollte man essen –
Eier dabei nicht zu vergessen!

Die Hühner jedoch legten heiter
naturgemäß die Eier weiter.
Die Bauern überlegten nun,
was mit den Eiern sei zu tun.

Wenn wir so lange Zeit sie sammeln,
werden sie sicherlich vergammeln.
Darauf sprach kess ein Bauernkind,
dass sie gekocht doch haltbar sind.

Das Kind wurde mit Lob bedacht.
Dann hat man es auch so gemacht.
Sie wurden dann von jung und alt
mit Spaß und Freude bunt bemalt.

Als dann die Fastenzeit vorbei,
gab es das erste Osterei!
An Hufschmied, Müller und auch Meier
verschenkten sie auch Ostereier.

Man hat's – weil Freude es gebracht –
in vielen Dörfern nachgemacht.
Dadurch ist schnell in vielen Landen
die Oster-Tradition entstanden.

Deshalb gibt es zur Osterfeier
nun Jahr für Jahr die Ostereier. –
Ich weiß nicht, ob Sie's glauben wollen:
Ein Bauernkind bracht' dies ins Rollen!

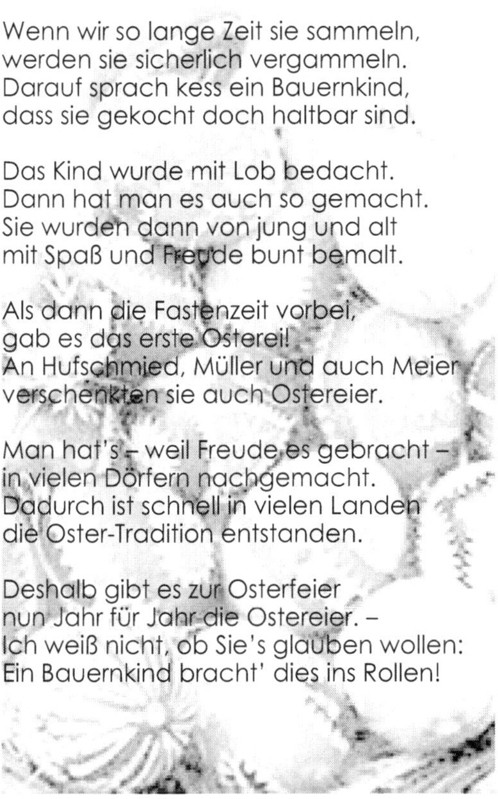

Vergangenheit, Gegenwart und Zukunft

Die Zukunft – die Vergangenheit
hatten bereits seit langer Zeit
einen verbissnen Grundsatz-Streit
bezüglich ihrer Wichtigkeit.

»Ich bin schon lange auf der Welt,«
führt die Vergangenheit ins Feld.
»deswegen bin ich groß und mächtig,
meine Verdienste strahlen prächtig!
Es ist gewiss nicht übertrieben,
was man schon über mich geschrieben.
Ich habe zugefügte Wunden
und manche Fehler überwunden.
Ich bin mit dem, was einmal war,
lehrreiches Vorbild immerdar.
Zudem wachse ich täglich – stündlich!
Mein Inhalt ist schier unergründlich.
Was bei mir ist, bleibt sicherlich
auf ewig unveränderlich!«

Die Zukunft sagt: »In meinen Zeiten
gibt es aber die Möglichkeiten,
neu zu bestimmen – zu gestalten
und das, was gut ist, zu verwalten.
Du hast versagt in vielen Sachen!
Ich kann es künftig besser machen.
Du bist vom Planen nicht betroffen.
Ich steh' für alle Menschen offen!
Ich kann ihnen die Hoffnung geben
für ein besseres Erdenleben.
Ich bringe stets die Menschen weiter
und mache sie dadurch gescheiter.
Auf mich nur kann die Menschheit bauen,
drum wird sie sich mir anvertrauen.«

Die Gegenwart war auch am Ort
und meldete sich jetzt zu Wort.
Sie sprach: »Was soll denn dieser Streit?
Ich bin die Herrscherin der Zeit!
Was ich mache, das hat Gewicht;
Ohne mich gäbe es euch nicht!

Kein Rückwärts- und kein Vorwärtsgehen
könnte je ohne mich geschehen.
Alles, was kommt und was geschah,
wär' ohne mich ja niemals da!
Was soll das zänkische Geräusch?
Ich steh' im Zentrum – zwischen euch.
Hier sei endgültig festgestellt:
Ich bin der Mittelpunkt der Welt!

Der Balkon schräg gegenüber

Wenn's warm ist, dann genieß ich schon
den Schattenplatz auf dem Balkon.
Zwangsläufig schau ich da hinüber
zu dem Balkon schräg gegenüber.

Dieser ist allerdings recht klein.
Ein Stuhl, ein Tisch, ein Blumenkübel.
Spätnachmittags voll Sonnenschein
ist er – so denk' ich – gar nicht übel.

Ab und zu rührt sich da auch was:
Die junge Frau begießt die Blumen,
hängt Wäsche auf, die triefend nass
und füllt so des Balkons Volumen.

Am späten Nachmittag tritt froh
ihr Mann auf den Balkon hinaus.
Er trinkt etwas und ruht sich so
von seines Tages Mühen aus.

Manchmal pfeift er – sonst seriös –
ein frohes Liedchen ungeniert,
gekonnt und schön melodiös.
Ich hab ihm auch mal applaudiert.

Oft setzen beide sich auch hin
aufs Freilufttteil am Hinterhaus.
Ein Stuhl halb in der Wohnung drin
kommen sie mit dem Platz gut aus.

Wir kennen uns zwar nicht persönlich,
doch grüßen wir uns für gewöhnlich.

Auf dem Balkon mit meiner Frau
sah ich – wie stets – wieder hinüber.
Ich sprach: »Es ist so leer dort – schau –
auf dem Balkon schräg gegenüber.

Es fällt mir schon seit Wochen auf,
dass niemand dort geht aus und ein«.
Doch meine Frau meinte darauf:
»Sie werden wohl im Urlaub sein«.

Erst Tage später hörten wir
durch ein Gespräch so nebenbei,
dass in dem Nachbarhause hier
die junge Frau gestorben sei.

Betroffen ward uns manches klar.
Wir fühlten Mitleid für den Mann,
der den Verlust ganz offenbar
bis heute nicht verkraften kann.

Er setzt sich nicht mehr in die Sonne –
auch pfeifen hört man ihn nicht mehr.
Der Stuhl auf dem Balkon – verschwunden,
der Blumentopf steht dort – doch leer.

Neulich ging sie mal auf, die Tür,
die Zugehfrau grüßte herüber.
Nicht ganz so trist wirkte er hier,
dieser Balkon schräg gegenüber.

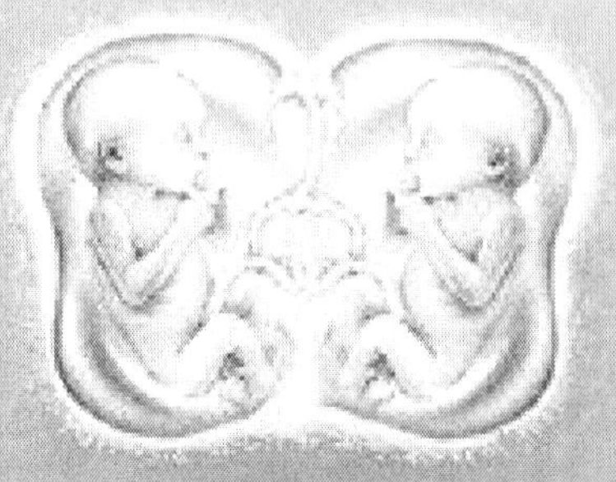

Ein Gespräch im Mutterleib
(Eine Parabel)

Im Mutterleib wächst dann und wann
auch mal ein Zwillingspaar heran.
Nun möcht' ich hier berichten mal
von einem ganz besond'ren Fall:
Nie hörte man Konversationen
von nachdenklichen Embryonen.
Drum find' ich die Geschichte toll
und inhaltlich bedeutungsvoll.

Ein Embryo fragte den zweiten:
»Glaubst du an andre, neue Zeiten,
an Leben jenseits der Geburt,
nachdem wir müssen durch die Furt?«

Dieser dachte kurz nach und sprach:
»Klar gibt's ein Leben noch danach!
Für irgendwas sind wir doch hier –
doch weiß ich jetzt noch nicht, wofür.«

Der erste sagte: »Unsinn – nein,
was soll das für ein Leben sein?
Der zweite sprach: »Ich weiß es nicht.
Vielleicht gibt es da helles Licht.

Vielleicht können wir dort mehr sehen,
können mit unsren Beinen gehen –
Nahrung aufnehmen durch den Mund,
viel mehr begreifen und, und, und –.«

Der erste hat da laut gelacht:
»Den Quatsch hast du dir ausgedacht.
Mit diesen Beinchen soll'n wir gehen?
Wir können nicht mal darauf stehen!

Mit dem Mund essen? – Und was noch?
Die Nabelschnur ernährt uns doch!
Danach ein Leben? – Welch ein Trug!
Die Schnur ist gar nicht lang genug.

Du hast 'ne tolle Fantasie.
Leben nach der Geburt gibt's nie!
Zerbrich dir nicht den Kopf darüber
Und denke etwas logisch lieber!«

Der zweite doch bestand darauf
und gab die Hoffnung noch nicht auf.
Er sprach zu ihm: »Ich denke mir,
vieles wird anders sein als hier!

Vielleicht brauchen wir dort das Kabel
nicht mehr zur Speisung durch den Nabel.«
»Unsinn,« genervt der erste sprach,
»denke doch mal darüber nach!

Wenn danach noch ein Leben wär',
warum kommt keiner mehr hierher?
Ein jeder durch die Furt mal muss –
und das ist auch des Lebens Schluss.«

Der zweite gab jetzt zu verstehen:
»Vielleicht werden wir Mutter sehen.
Sie wird uns sicherlich bewahren
vor uns umgebenden Gefahren.«

Der erste aber sprach darauf:
»Hör mir jetzt nur mit Mutter auf!
Wenn es sie gäbe – ich sag' ›wenn‹,
dann zeig' sie mir! – Wo ist sie denn?«

Der zweite sprach: »Bist du so dumm?
Sie ist doch stets um uns herum!
Durch sie haben wir unser Leben;
ohne sie würd' es uns nicht geben!«

Der erste aber sagte stur:
»Ich sah' sie nie, wo ist sie nur?
Deshalb – sage ich konsequent –
ist logisch sie nicht existent!«

Drauf sprach der zweite Embryo:
»Von hier aus sieht man sie nicht so.
Doch wenn man ruhig ist und lauscht,
hört man, dass irgendetwas rauscht.

Hörst du das stete Pochen nicht –
die Stimme, die so zärtlich spricht?
Die Wärme, die dir Mutter gibt,
beweist dir doch, dass sie dich liebt!

Sie wird uns durch Geburt entbinden,
damit wir eigne Wege finden.
Sie trug uns sorgsam – dich und mich –
glaubst du, sie lässt uns dann im Stich?«

Hier kappe ich die Diskussion.
Diese Geschicht' – wer glaubt die schon?
Doch gibt's in unsres Daseins Enge
so mancherlei Gedankengänge.
Die Frage Nichtsein oder Sein –
hängt sie von Glauben ab allein?
Die Quintessenz in jedem Falle:
Durch eine Furt gehen wir alle...

(Frei nach einem Prosa-Text aus dem Buch
›The Jewish Way in Death and Mourning‹
von Maurice Lamm)

Themenbereich 3

Gedanken über Glaube und Politik

Schöpfungs-Glaube, Evolution und Logik

Zunächst einmal sei festgestellt:
Seit Menschen denken auf der Welt,
fragten sie sich stets mehr und mehr,
wo, eigentlich, kommen wir her?

Gibt's eine große Gottesmacht,
die alles schuf – alles erdacht?
Die Menschheit brauchte solche Kraft,
drum hat sie Götter sich erschafft.

Abhängig von Gebiet und Zeiten,
gibt's Glaubensunterschiedlichkeiten.
Schwer ist es, alle zu ergründen
und hier den rechten Weg zu finden.

Der Mensch wollte sich daher eben
mit Glauben nicht zufrieden geben.
Durch Neugier und durch Geisteskraft
entstand daher die Wissenschaft.

Jedwede Denkart zu beschreiben,
lasse ich aber lieber bleiben.
Weil christlich ich erzogen bin,
weise ich auf die Bibel hin.

Dort steht, dass Gott Tiere – auch Affen –
schon vor den Menschen hat erschaffen.
Das stimmt mit dem – und das ist fein –
Evolutionstext überein.

Auf Anhieb klingt das ja schon logisch,
doch nicht vereinbar theologisch!
Gott schuf den Menschen *einzig* nur –
als selbstständige Kreatur!

Die Evolutionstheorie
behauptet aber, dass sich die
Menschheit allmählich – in der Tat –
aus Affen erst entwickelt hat.

Wenn das nun tatsächlich so wär',
dann gäb's heut' keine Affen mehr!
Ist das nicht nachvollziehbar logisch,
wissenschaftlich und theologisch?

Nun will ich kurz zusammenfassen:
Affen gibt es in vielen Rassen,
bei Menschen ist das auch der Fall.
Jetzt denken wir doch logisch mal!

Ich hoff', dass durch meine Gedanken,
die Wissenschaft nicht kommt ins Wanken!
Oftmals ist es ja schon passiert,
dass man Erforschtes revidiert!

Der Glaube

Glaube – dies' Wort mal definiert –
ist grundlegend schwer zu erfassen.
Man will – bevor man ihn verspürt –
sich erst mal überzeugen lassen.
Wenn man mit eignen Augen sah,
was oder wo etwas geschah,
hat man verhältnismäßig leicht
den Glauben daran schon erreicht.

Oft glaubt man nicht, was man erfährt,
ob man es liest oder auch hört.
Der Grund dafür ist leicht erklärt:
Mit Lügen ward man oft betört.
Das, was die Politik verspricht,
glaubt man zunächst mal besser nicht.
Glaube – bewusst fanatisiert –
hat oft zu Kriegen dann geführt.

Glaube – ein inhaltsschweres Wort –
betrifft ja meistens Religion.
Die gab es an fast jedem Ort
vom Anfang aller Zeiten schon.
Doch deutet mancher auch beflissen
den Begriff Glaube mit Nichtwissen.
Es ist jedoch – wird oft auch klar –
nicht nur das Selbsterlebte wahr!

Glaubenslehren gibt's wahrlich viele,
alle wollen Heilsbringer sein;
und immer haben sie zum Ziele,
die einzig Richtige zu sein.
Glaube ist für die Menschen wichtig;
doch welcher ist nun wirklich richtig?
Hat man, wenn man an sich nur glaubt,
sich Perspektiven selbst geraubt?

Wenn du nun sagst, du bist ein Christ,
fragt man dich, welcher Konfession
du dabei zugehörig bist.
Irgendwie ist das seltsam schon;
denn beide glauben ja zugleich
an Jesus und ans Himmelreich.

Ist hier denn nicht ein Weg zu finden,
sich wahrhaft christlich zu verbinden?

Nehmen wir mal das Judentum:
Derselbe Gott wird da verehrt!
Jesus verweigern sie den Ruhm
als Gottes Sohn. – Es sei verkehrt,
dass Jesus der Erlöser sei.
Die Christenheit blieb stets dabei
über zweitausend Jahre doch!
Die Juden aber warten noch.

Der Gott, den Christen hier verehren,
wird im Islam Allah genannt.
Aber von Jesu – (Isa) – Lehren
hat man sich da schlicht abgewandt.
Für ihn war Jesus nur Prophet. –
Islam-Vorbild ist Mohammed!
Dieser hat im Koran geschrieben,
man soll den einen Gott nur lieben!

Im Überblick sieht man hier schon,
dass auf unserer kleinen Welt
der Mensch in seiner Konfession
eigne Regeln hat erstellt.
Jedoch – wozu hat's denn geführt,
wenn man auf Differenzen stiert?
Diese gehören auf den Schrott –
denn Gott ist Gott – ist Gott – ist Gott!

Der Glaube folgt keinem Diktat –
und keinen einstudierten Lehren.
Der Glaube ist total privat;
niemandem darf man ihn verwehren.
Schließlich will ich zusammenfassen:
Man soll doch jeden glauben lassen,
was er für gut und richtig hält!
Nur so gäb's Frieden auf der Welt!

O

Der Aberglaube

Glauben soll jeder, was er meint,
auch, wenn es seltsam oft erscheint.
Doch will ich Verse mir erlauben
über so manchen Aberglauben.

Das Mittelalter war die Zeit,
da machte er sich ziemlich breit.
Vom Herrscher bis zum Volk im Land
der Aberglaube Einfluss fand.

Formen gibt es in großer Zahl;
deswegen teile ich sie mal
in solche, welche Ängste bringen
und solche auch, die freundlich klingen.

Beim Aberglauben negativ
glaubt man, demnach läuft alles schief.
Siehst du ein mulmiges Symbol
fühlst du dich ganztägig nicht wohl.

Verdorben ist des Tages Lauf,
stehst mit dem falschen Fuß du auf. –
Ist's Angst, die dein Gemüt zerfrisst,
wenn's Freitag, der dreizehnte ist?

Wer – frag' ich – kommt schon davon los,
wenn eine schwarze Katze bloß
über den Weg läuft; – mit 'nem Satz
schlimmstenfalls über'n Fußballplatz?

Wer sieht als böses Omen nicht,
wenn ihm ein Spiegel mal zerbricht?
Selbst nach Verschütten nur von Salz
fühlt man sich unwohl ebenfalls.

Viele glauben, der Zukunft wegen
ans Handlesen und Kartenlegen.
Glaubt man denn wirklich, dass es stimmt,
wofür der Seher Geld dann nimmt?

Das Geld ist jedenfalls mal weg!
Der Wahrsager erklärt dir keck,

dass Glück du haben wirst und mehr!
Das Glück doch hat zunächst nur er.

Hast du mal Schäfchen rechts gesehen,
wird es dir danach schlecht ergehen.
Bei Schäfchen, die du siehst zur linken,
wird dir danach nur Freude winken!

Glück einfach finden ist meist schwer;
doch dies erhält durch Zufall, der
ein vierblättriges Kleeblatt findet,
weil er's mit künft'gem Glück verbindet.

Dann gibt's auch regelrechte Jäger
nach einem echten Schornsteinfeger.
Den müssen sie berühren bloß,
dann fällt das Glück in ihren Schoß.

Marienkäfer – hübsch und klein –
sollen auch Himmelsboten sein:
Maria ließ sie zu dir eilen,
zwecks Kinderschutz – Kranke zu heilen.

Hängst du ein Hufeisen mal auf,
dann achte unbedingt darauf:
Der offne Teil muss oben sein!
Nur dann fällt auch das Glück hinein.

Ein Volksglaube ist anzuzeigen:
Der Schutz von grünen Mistelzweigen
vor Hexen! – Häng' sie frei zur Sicht –
denn Hexen mögen Misteln nicht!

Nichts Böses dir geschehen kann,
trägst du stets einen Talisman.
Ein Amulett – ein schmucker Stein –
kann dir zum Schutze hilfreich sein.

Der Glückspfennig stand im Verdacht,
dass er den Menschen glücklich macht,
weil Reichtum er symbolisiert –
dass man sein Geld niemals verliert.

Ob als Geschenk oder gefunden,
war er mit Glücksgefühl verbunden.

Der Glückspfennig war sehr beliebt.
Ein Pech, dass es ihn nicht mehr gibt!

Hat dir 'ne Sternschnuppe bei Nacht
tatsächlich einmal Glück gebracht?
Kommen zur Erde wir zurück;
brachten dir Scherben jemals Glück?

Eher hörst du dann: Pass doch auf!
Du hebst die Scherben schleunigst auf,
verletzt dich noch an einem Stück. –
Ja, wahrlich: Scherben bringen Glück!

Der Fliegenpilz – nicht zu vergessen –
bringt Glück, wenn du ihn nicht gegessen!
Das zeigt, das manches in der Tat
durchaus auch mal zwei Seiten hat.

Doch jetzt genug vom Aberglauben.
Lasse dir den Verstand nicht rauben!
Bist du rein mystisch unbegabt,
dann hast du wahrlich Schwein gehabt!

Reformation

Seit Luther Thesen angeschlagen
vor rund fünfhundert Jahren schon,
war das sehr mutig in den Tagen!
Das führte zur Reformation.

Luther trat störend in Erscheinung
und hat gegen sich aufgebracht
mit seiner bibeltreuen Meinung
die Kirchen- und die Erdenmacht.

Er klagte an solche Verhalten,
die nur zu falschen Schlüssen führen
– wollte die Kirche niemals spalten –
er wollte sie nur **reformieren!**

Nun – Luthers Lehren kamen an
bei Menschen, die sein Wort erkannten.
Die Anhänger erklärte man
abwertend dann zu Protestanten.

Sie wurden exkommuniziert –
gestrichen aus den Kirchenlisten.
So haben sie sich neu formiert
als evangelisch – gleichfalls Christen!

Sich aber wieder zu vereinen,
muss jedem – nach so vielen Jahren –
irgendwie möglich doch erscheinen.
Doch weit gefehlt – muss man erfahren.

Manche Versuche gibt es doch,
sich ökumenisch zu verbinden.
Zu viele Dogmen gibt es noch
– Standpunkte – schwer zu überwinden.

Damit es da mal vorwärts geht,
benötigen wir wieder einen,
der lebt, was in der Bibel steht.
Einen wie Luther – könnt' man meinen!

O

Scheinheiligkeit

Für unzählige Glaubensfragen
gibt's Menschen, die dafür studiert,
seelsorgerisch klug anzusagen,
was uns zu rechtem Handeln führt.
Doch werden oft auch diese Leute
der Unaufrichtigkeiten Beute;
denn es ist jedem nicht gegeben,
die eignen Reden vorzuleben.

Es klafft nämlich oft eine Lücke
zwischen der Lehre und dem Tun.
Anstatt zu suchen eine Brücke,
lässt man's Gewissen lieber ruh'n –
vergisst den Graben, welchen man
mit fromm reden nicht füllen kann.
Etliche sind erst aufgewacht,
als man was öffentlich gemacht.

Bei einer kirchlichen Karriere
woll'n sie in frommem Licht erscheinen.
In Ihrer Kirchen-Atmosphäre
sind sie doch ehrlich – sollt' man meinen.
Vom Ehrgeiz zwecks Erfolg getrieben
haben sie Predigten geschrieben,
sprechen die heil'ge Litanei
und sind doch heuchlerisch dabei.

Viel Unrechtes ist schon geschehen,
– früher – auch in der letzter Zeit.
Zögerlich konnt' man erst gestehen
das Kindern zugefügte Leid.
Priester, die selbst im Luxus leben,
sprechen: Ihr sollt den Armen geben –
berufen sich auf Jesus Christ! –
Ob das Gott wohlgefällig ist?

Doch sind es nicht die Großen nur,
die ganz bewusst in manchen Sachen
in ihrem Tun verharren stur
und andren Vorwürfe noch machen.
Selbstsucht und schiere Arroganz
vollführen hier den Ego-Tanz.

Sie sind zur Einsicht nicht bereit!
Ob Gott, der Herr, das denn verzeiht?

Ein jeder weiß, es steht geschrieben,
genau, wie du dich selber liebst,
sollst du auch deinen Nächsten lieben,
so, dass selbst Feinden du vergibst.
Doch die sich selbst ohn' Fehl betrachten,
Gefühle andrer grob missachten
– nur Predigen, weil's ihre Pflicht –
versteh'n wohl diese Worte nicht.

Die in der Kirche laut verkünden,
wie es beim Vaterunser Brauch:
Vergib uns, Herr, all unsre Sünden,
wie wir vergeben andren auch,
sollten den Blick nach innen richten –
auf Selbstgerechtigkeit verzichten,
denn eine doppelte Moral
klingt nicht nur bei den Menschen schal.

Wie uns manches Geschehnis lehrt,
gibt's Amtsträger der Religionen,
die – des Berufs wegen – verehrt,
stolz ihre Frömmigkeit betonen.
Doch sind sie ja auch Menschen nur;
deswegen leugnen sie meist stur
die eigne Unzulänglichkeit.
Das nennt man dann Scheinheiligkeit.

Die Politik

Der Oberbegriff Politik
birgt eine eigne Sinn-Physik.
Deswegen möcht' ich mal probieren,
diesen Begriff zu definieren.
Zunächst einmal – denke ich nun –
hat mit Bewahrung er zu tun.
Das heißt, Verhältnisse zu schützen,
die der Gemeinschaftsbildung nützen!
Veränderungen zu probieren,
welche zu Besserungen führen,
erfordern deshalb aber schon
politisch eine Diskussion.

Menschen, die Menschengruppen leiten,
gab's schon seit undenkbaren Zeiten.
Moses – ein Chef-Typ – beispielsweise,
führte sein Volk auf lange Reise,
entzog sein Volk als Führer so
der Sklaverei des Pharao.
Dieser sowie sein Kritiker
waren damals Politiker.
Der eine gut, der andre schlecht,
doch beide fühlten sich im Recht.
Politiker woll'n Macht ausüben. –
So war's und so ist's auch geblieben.

Die Politik ist auch die Kunst
des Werbens um des Volkes Gunst.
Durch Ordnung und kluges Verwalten
kann man politisch Macht erhalten.
Die Macht ist Teil der Politik
und diese hört nicht gern Kritik.
Besonders in der Diktatur
bestimmt einer die Richtung nur.
War'n Diktatoren an der Macht,
hat es am schlimmsten meist gekracht,
Bei Kaiser- sowie Königreichen
gab es für Macht Milliarden Leichen.

Des Volkes Politik ist die
Regierungsform Demokratie.
Durch sie hat nun das Volk die Qual
frei zu entscheiden bei der Wahl.

Parteien wollen mit Programmen
die Menschen gern für sich entflammen.
Gewählt wird also die Partei,
die – wie man glaubt – die beste sei.
Werden sie das Versprochne halten,
jetzt, beim Regieren und Verwalten.
Das Kanzleramt braucht dann Minister;
doch ich erspar' mir das Register.

Ein Amt doch pick' ich mir heraus,
denn da sieht's oft gefährlich aus.
Das komplizierte – insgesamt –
Verteidigungsminister-Amt.
Greift uns ein böser Feind mal an,
muss die Verteidigung schnell ran!
Sehr dringend wird deshalb geraten
zur Ausbildung guter Soldaten.
Auch eine Menge Tötungswaffen
muss man zwecks Sicherheit beschaffen.
Dies alles dient allein dem Ziel,
dass Frieden man erhalten will.

Leider gibt's Menschen, Wirtschafts-Kräfte,
denen ein Krieg durchaus gefällt,
Mit Waffenbau macht man Geschäfte;
man liefert sie in alle Welt.
Solange Firmen davon leben,
wird es wohl keinen Frieden geben.
Die Macher in der Politik
wissen's und hör'n nicht auf Kritik.
Vom Wirtschaftswachstum geht's uns gut;
auf Erden fließt dafür viel Blut!
Politiker tun da empört!
Die Heuchelei ist's, die mich stört!

Das wäre es dann mal im Groben.
Was tun sie nun fürs Volk da oben?
Machen sie, was das Volk erwartet?
Wird Ihr Programm jetzt forsch gestartet?
Sogleich gibt es dann aber schon
Einsprüche der Opposition.
Was man erreicht im Hohen Haus,
sieht letztlich dann meist anders aus
als das, was vor der Wahl geplant.
Dass es so kommt, hat man geahnt.

Das ist Demokratie – schlechthin
und gibt diesem System den Sinn.

Regieren ist halt nicht so leicht.
Schwer ist es, dass man das erreicht,
was man sich vorher vorgenommen.
Unzähl'ge Lobbyisten kommen,
für ihren Vorteil unverholen
das Bestmögliche rauszuholen.
Dabei geht's auf der ganzen Welt
um Einflussnahme und um Geld.
Mancher fischt Vorteile im Trüben.
Da muss die Politik noch üben!
Drum hab' – oh Mensch – immer im Blick,
die so genannte Politik!

O

Kampf

Seitdem es Lebewesen gibt,
besteht der Kampf ums Überleben.
Wer sich behaupten kann, der siegt.
Das ist naturbedingtes Streben
und ist seit Anbeginn ja schon
Teil irdischer Evolution.

So groß die Artenvielfalt ist,
ob winzig klein – ob stark und groß;
wenn eine auch die andre frisst,
ist's stets fürs Überleben bloß.
Der Kampf der Arten mit Gewalt
ist nötig zwecks deren Erhalt.

Zudem braucht jede Art auch Raum –
ein eignes Territorium.
Der Trieb nach Landbesitz war's kaum;
die Nahrungssuche trieb sie um.

Kampf gibt es auch um sichre Pfründe! –
Für Menschen gelten gleiche Gründe.

Die Rasse Mensch wollte doch mehr!
Ganz neue Kampfgründe sie fand:
Um Glauben, Politik und mehr
kämpft man – oft gegen den Verstand!
Für Landbesitz, für Ruhm und Macht
hat man sich Kampf-Gründe erdacht.

Bei Glaubenskriegen – erstgenannt –
War'n unzählige Götter Grund.
Wer andres glaubte, ward verbrannt.
Jeder tat seinen Glauben kund
und strebt oft, diesen zu erzwingen
durch Kriege – wie bei andren Dingen.

Jeder betet zu seinem Gott,
dass er ihm helfe, stolz zu siegen.
Fürs Andersglaubende gab's Spott.
So kam's zu vielen blut'gen Kriegen.
Haben da Götter mitgemischt? –
Ich denke mir: »Wohl eher nicht!«

Fürs Vaterland kämpft man verwegen
und nimmt auch Schutzmauern in Kauf.
Doch Mutter Erde ist dagegen;
sie löst die Grenzen lieber auf.
So lang Menschen so machtbesessen,
kann Mutter Erde das vergessen!

So toben noch bis heute Schlachten.
Statt Einigung predigt man Hass.
Die Menschlichkeit so zu missachten,
bewirkt den großen Aderlass.
Die Erde ist getränkt mit Blut.
Kein Kampf Mensch gegen Mensch ist gut!

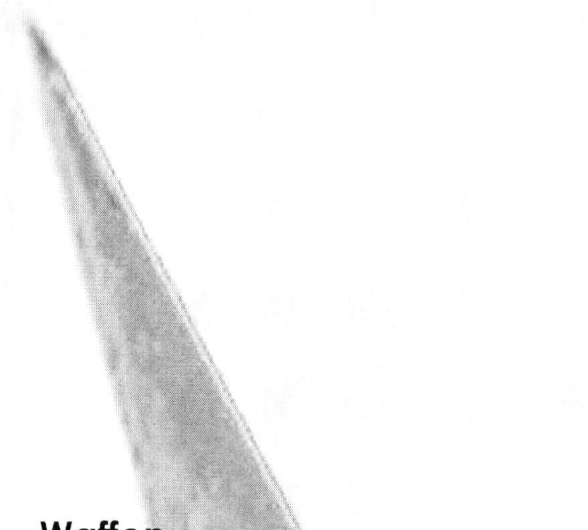

Waffen

Das Schlimmste auf der Welt sind Waffen,
welche die Menschheit hat erdacht.
Zuerst zur Nahrungs-Jagd erschaffen,
entdeckte man auch deren Macht.

Mensch gegen Mensch alsbald gerichtet
entstand dann die Unmenschlichkeit.
Ein Feind wurde jeweils vernichtet.
So ist's noch bis in unsre Zeit.

Für seinen Glauben will man kämpfen
und jeder fühlt sich da im Recht.
Verständnis kann das Hassen dämpfen,
Waffengewalt wirkt da nur schlecht!

Es kam zu unheilvollen Kriegen,
wo es doch nur Verlierer gab –
ganz unabhängig auch vom Siegen
wurde die Welt zum Massengrab.

Besitzergreifend, machtbesessen
schickt man die Kämpfer in die Schlacht,
wo Massenmörder man indessen
geehrt zu Helden noch gemacht.

Es boomt die Waffenproduktion.
Damit verdient man sehr viel Geld.
Die sie verkaufen, wissen schon:
Fürs Töten sind sie hergestellt.

Einzig nur zur Verteidigung
– sagt man – würde man Waffen brauchen.
Für aller Menschen Sicherung
müssten die Werkskamine rauchen.

Die Waffen werden immer „besser“,
die Technik macht das Töten leicht.
Waffen sind wahre Menschenfresser;
ein Knopfdruck aus Versehen reicht.

Welt ohne Waffen – welch ein Traum –
fern ab von der Realität!
Der Hass ist blind und führt wohl kaum
zur Umkehr. – Bald ist es zu spät!

Macht endlich Schluss mit dem Gebaren,
vernichtet alle Waffen schnell!
Ein jeder weiß von den Gefahren:
Ein Knall – und es wird nie mehr hell!

Fragen und Antworten

Zu dem, was Menschen stets ertragen,
gibt's viele grundlegende Fragen:
Warum es so viel Schlechtes gibt, –
jeder den eignen Vorteil liebt.

Wozu brauchen die Völker Macht,
wenn sie die Welt nicht besser macht?
Warum kann man den Hass nicht dämpfen?
Warum muss man mit Waffen kämpfen?

Das ist es, was man gerne wüsste
und was man doch im Innern weiß:
Die Habgier ist's, die Machtgelüste,
Gewinnerwahn um jeden Preis!

So wird gemauschelt und betrogen,
was zählt ist nur das JETZT und NUN
Gefahren werden weggelogen;
sie wissen nämlich, was sie tun!

Warum nur kann es nicht gelingen,
mit gutem Willen zu verhandeln,
durch Eigenvorteile bezwingen –
Feindschaft in Freundschaft zu verwandeln?

Regierungen in allen Ländern
werden wohl nie was daran ändern.
Den Weltfrieden gibt's deshalb kaum –
das war und bleibt der Menschheit Traum.

Die große Frage stellt sich nun:
Können wir Machtlosen was tun?
Selber gut handeln hier im Kleinen,
könnt' manches ändern – sollt' man meinen.

Wo ist Gott

»Wo ist denn Gott?,«
fragte voll Spott
ein großer Krieger,
welcher als Sieger
über die Leichen stieg.
Er freute sich am Sieg.
Als er diesen Triumph genoss,
da kam jemand, der ihn erschoss. – – –

Themenbereich 4

Mancherlei Gedanken

Missverständnis

Selbst bei dem klügsten Wortgebrauch
kommt es zum Missverständnis auch.
Ein einz'ges Wort – im Satz verdreht –
wirkt, dass den Sinn man falsch versteht,
was tatsächlich dann dazu führt,
dass man den andren irritiert.

Der Blick des Gegenübers nur
zeigt, man ist auf der falschen Spur.
Merkt man's, kommt man zu der Erkenntnis:
›Hier gibt es wohl ein Missverständnis‹.
Deutlich spürt man die dicke Luft.
Das, was man wollte, ist verpufft.

›Ich habe mich‹, – spürt man bedrückt –
›wohl irgendwie falsch ausgedrückt‹.
Ums Missverständnis aufzuklären,
muss sich die Klugheit nun bewähren,
was sicherlich dann dazu führt,
dass man bedächtig formuliert.

Und so bespricht man noch einmal
– doch deutlicher – denselben Fall,
klärt, was man erst falsch ausgedrückt.
Wenn dieses Unterfangen glückt,
kommt auch der andre zur Erkenntnis:
›Schon gut, es war ein Missverständnis‹.

Engel
(Eine analytische Betrachtung)

Was ist ein Engel für ein Wesen?
Darüber kann man manches lesen.
Vieles, was den Begriff betrifft,
steht deutlich in der Heil'gen Schrift.

Von Michael und Gabriel,
von Raphael und Uriel
und anderen kann man erfahren,
die Gott, dem Herrn behilflich waren.

Bei all' den Engeln stellt man fest,
dass es sich nicht verleugnen lässt,
wenn man es an den Namen misst,
dass solch ein Wesen männlich ist.

Im allgemeinen Sprachgebrauch
sagt man deshalb ›Der Engel‹ auch!
›Die Engel‹ heißt's nur im Plural.
Wäre ›das Engelchen‹ normal?

Bei Darstellungen sind es Knaben,
die hinten Engelsflügel haben.
Werden die weiblich irgendwann,
während sie älter werden dann?

Denk' ich an Kinderengelein,
fällt mir nun folgerichtig ein,
dass man sich dann auch unbeschwert
dort droben – so wie hier – vermehrt.

Weibliche Engel wär'n fatal!
Dann gäb's den Engel-Sündenfall;
das Paradies wär' öd' und leer;
es gäb' dort keine Engel mehr.

Doch in der darstellenden Kunst
steht Weiblichkeit meist in der Gunst.
Das wird sehr deutlich auch erkannt
an Wölbungen unterm Gewand.

Doch sei hier einmal festgestellt:
Es kommt doch aus der Männerwelt,
dass sie, verliebt bis übern Kragen
zu ihrer Liebsten „Engel“ sagen.

Von Frauen – die auch so betört –
hat man das selten mal gehört,
auch wenn – was man mit Engel meint –
hier deutlich angebrachter scheint!

›Frauen sind keine Engel‹ klang
ein Lied, das Margot Hielscher sang.
Die Girl-Band, die dies auch erkannt
hat sich ›No Angels‹ drum genannt.

Darum jetzt keine Diskussion.
Engel war'n immer männlich schon.
Glaubt dem, der aus Erfahrung spricht:
Weibliche Engel gibt es nicht!

Der Himmel auf Erden

Bei Alltagssorgen und Beschwerden
sucht man den Himmel hier auf Erden,
wo alle Unbill man vergisst.
Man fragt sich, ob das möglich ist. –
Weit lässt man die Gedanken schweifen,
um diesen Zustand zu begreifen.

Manche Idee läge da nah –
man meint, der Himmel wäre da,
wo Glaubens-Botschaften man achtet,
Andersdenkende nicht verachtet –
wo's nicht ums Rechthaben nur geht –
da, wo man liebt und sich versteht –
wo hilfsbereit ist jedermann –
wo Unrecht man vergeben kann,
wenn Friede herrscht und Einigkeit.
Das wär' der Himmel unsrer Zeit!

Himmel auf Erden – Illusion –
wer glaubt an diesen Zustand schon?
Zu Atheisten, Glaubensfrommen,
wird er wohl nicht hernieder kommen.
Streben nach Himmel – hier vergebens!
Gibt's ihn erst jenseits dieses Lebens?

Der Lebensstrom

Schaut man gedankenvoll zurück,
erkennt man, wie die Zeit vergeht.
Trübsal und Tage voller Glück
scheinen – gleich Wolken – windverweht.

Wir fuhren los im kleinen Schiff
auf einem schmalen Bach hinaus.

Bevor man dessen Ziel begriff,
wurde ein breiter Strom daraus

Andere Flüsse, andre Schiffe
bereicherten des Stromes Lauf.
Strömungen, Strudelsog und Riffe
nahmen wir zwansläufig in Kauf.

Wir durften uns nicht treiben lassen! –
Um die Gefahren zu umschiffen
mussten wir forsch das Ruder fassen!
Wir haben's mit der Zeit begriffen.

Was uns in Zukunft wird geschehen,
liegt aber nicht an uns allein.
So nähern wir uns dem Verstehen,
uns dessen auch bewusst zu sein.

Sitzend im eignen Lebenskahn,
treiben wir auf dem Schicksalsfluss
stromabwärts weiter auf der Bahn,
welche im Meer dann münden muss.

O

Dinge

Dinge, die das Gehirn erdacht,
und dann von Menschenhand gemacht,
sind oft von großer Nützlichkeit.
Doch manchmal hab' ich den Verdacht,
sie übernehmen zu viel Macht
und stehlen somit unsre Zeit.

O

Ein Lächeln

Lächeln – ein schönes Minenspiel – ,
der Mund, die Augen wirken heiter.
Ist's gute Laune, ohne Ziel –
fröhliche Stimmung und nichts weiter?
Für andre Menschen allemal
wirkt es als Positiv-Signal.

Lächeln – die Physiognomie –
Hat man schon bei Geburt besessen.
Die Eltern werden sicher nie
dies erste Lächeln je vergessen.
Wenn auch ein Schrei zuerst erklang –
ein Lächeln wirkt ein Leben lang.

Das Lächeln – diese Reaktion
– niemand erlernt ja, wie das geht –
wirkt gut, seit ew'gen Zeiten schon,
weil jeder es sogleich versteht.
In jeglichem Kulturbereich
ist eines Lächelns Wirkung gleich.

Ein Lächeln macht das Leben leicht.
Es zeigt und bringt schnell Sympathie.
Das Glücksgefühl, das man erreicht,
bewirkt man nur mit Worten nie!
Mit einem Lächeln schenkt man Glück
und dies kommt auch zumeist zurück.

Ein Lächeln kann so viel bedeuten
Die Traurigen heitert es auf.
Aufschwung gibt es verzagten Leuten
und hellt ihr Denken wieder auf.
Ist einer böse und gemein –
ein Lächeln kann entwaffnend sein!

Doch ist auch – wie bei allen Sachen –
ein falsches Lächeln uns bekannt.
Solch Lächeln kann nervös uns machen:
Abschätzig, höhnisch, süffisant.
In vielem gibt es den Missbrauch;
leider gibt's den beim Lächeln auch.

Ein Lächeln – ehrlich, gern verschenkt –
ob es spontan, gewinnend, mild,
das strahlend sich auf andre senkt,
ergibt ein positives Bild.
Mit diesem froh stimmenden Zeichen
kann man der Menschen Herz erreichen.

Meinungsbildung

Oft bildet man sich eine Meinung
frei nach der äußeren Erscheinung.
Die Menschen sind schließlich hienieden
ja von Natur aus sehr verschieden.
Ob dick, ob dünn man von Natur,
ob groß, ob klein man von Statur.
Auch auf die Kleidung achtet man –
auf das, was der sich leisten kann.
Redet mein Gegenüber viel –
ist es zurückhaltend und still?

Sagt uns all dies in kurzer Frist,
ob dieser Mensch sympathisch ist?
Letztlich ist auch die Frage hier:
Was hält wohl dieser Mensch von mir?
Nun – jedem ist es nicht zu Eigen,
das, was er fühlt, offen zu zeigen.
Jeder spürt Freude, Liebe, Schmerz.
Selbst der sehr stachlig scheint, hat Herz!
Oft braucht man Zeit, dies zu ergründen
und eine Meinung so zu finden.

Das Gänseblümchen

In dieser mächtigen Natur
bin ich ein Gänseblümchen nur.
Manchmal doch strahlt der Sonnenschein
– so denk ich – ganz für mich allein.

Und gibt's erfrischend kühlen Regen,
fällt der gewiss auch meinetwegen.
So will ich – wenn auch noch so klein –
hier fröhlich und zufrieden sein!

Segeln und schwimmen

Segel – vom warmen Wind getrieben –
treiben dich übers Meer des Lebens.
Doch weht der Wind nicht nach Belieben,
ist steuern schwer und oft vergebens.
Kommt eine Bö, dann kentert man
und fällt ins kalte Nass hinein.
Weil so etwas passieren kann,
sollt' man gut vorbereitet sein.

Will man im Leben sich was gönnen,
muss man von Grund auf etwas können.
Nimmt man sein Vorhaben zu lose,
geht oft die Chose in die Hose.
Wer also forsch zum Segeln geht,
sollte zunächst von vornherein,
– falls mal ein Sturm das Schiff umweht –,
ein gut trainierter Schwimmer sein.

Ja, auch die tollste Segeljacht
kann kentern durch der Stürme Macht.
Drum sollte – wer das Ruder nimmt –
gewiss sein, dass er selbst gut schwimmt; –
dass denen er, die mit im Boot,
auch Hilfe geben kann in Not!
Hat Rettungsringe er zur Hand,
hilft er den andren auch an Land.

Segel treiben das Schiff voran,
wenn man die Handhabung begreift.
Regeln, die jeder lernen kann,
durch die die Selbstsicherheit reift.
Es ist dann alles halb so schwer. –
Man gleitet leichter übers Meer,
beachtet man einfache Regeln:
Erst schwimmen lernen – und dann segeln!

O

Heimat

Um das Wort Heimat zu verstehen,
muss man Verschiedenes besehen!
Diese Bezeichnung meist bezieht
sich auf ein Land – auf ein Gebiet,
auf einen Ort, wo man allein
sein ganzes Leben möchte sein.

Auch deutet dieses Wortes Sinn
auf menschliche Beziehung hin,
wenn ein geliebter Mensch spricht aus:
»Bei dir allein bin ich zu Haus!«
Auch die Gesellschaft – ein Verein –
können des Menschen Heimat sein.

Zudem sei auch dahingestellt,
dass die Kulturen unsrer Welt
hier eine große Rolle spielen.
Sie sind die Heimat bei sehr vielen.
Die Religionen spielen da
auch eine große Rolle ja.

Heimat war auch zu jeder Zeit
die eigne Lebenssicherheit.
Dadurch enthält der Name schon
eine soziale Dimension.
›Heimat‹ wird zudem anerkannt
streng national als Vaterland.

Den Begriff ›Heimatland‹ politisch, be-
trachte ich nicht grundlos kritisch.
Heimatland in der Politik
brach manchem Volk schon das Genick!
Das Vaterland durch Macht erweitern,
wird stets am Begriff ›Heimat‹ scheitern!

Heimat – das Wort hat viel Gewicht,
wo man die Muttersprache spricht.
Ganz von der Sprache abgesehen:
Dem Ort, wo Menschen sich verstehen,
und friedlich miteinander leben,
kann man den Namen Heimat geben.

Nun fällt satirisches mir ein,
denn noch viel mehr kann Heimat sein, –
weil ich beim Thema dran gedacht,
was unter dem Begriff man gemacht:
Der Heimatfilm ist zu erwähnen,
im Kino strömen dabei Tränen.

Bei Heimatliedern voller Schmalz
bekommt manch einer soooo 'nen Hals.
Durst fördernd und die Seele labend
ist mancherorts der Heimatabend.
Da meist er aufs Geschäft nur schielt, hat
er bald seinen Sinn verspielt.

Klar – ein gepflegter Heimatbrauch ge-
hört zum Thema Heimat auch!
Erhaltung echter Heimattracht
sei hier mit viel Respekt bedacht.
Allen, die Traditionen pflegen,
wünsche ich zum Erfolg auch Segen!

Heimat ist also insgesamt
alles, was hier zuvor genannt
Für mich – habe ich festgestellt –
ist meine Heimat diese Welt!
Hier möchte ich herum mich treiben
und so deren Bestandteil bleiben!

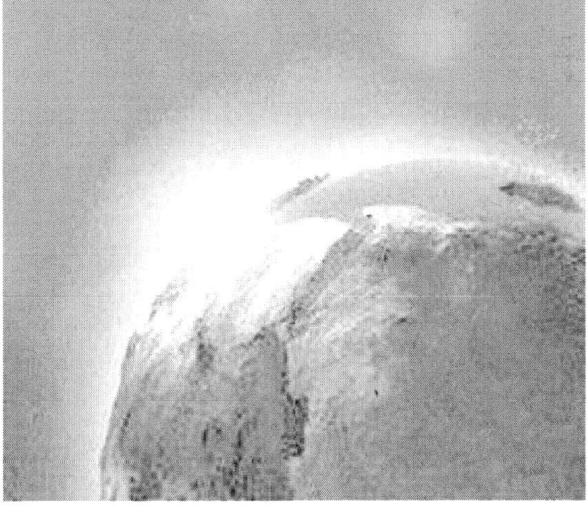

Eine Lösungssuche

Situationen gibt's im Leben,
welche unlösbar uns erscheinen –
an denen wir verzweifelt kleben.
Nichts kann man ändern – wie wir meinen.

Auf Wunder sollte man nicht warten,
die kommen selten von allein!
Besser ist's da, selbst neu zu starten
und mutig engagiert zu sein.

Was nützt es, die Gegebenheiten
nur zu bedauern – zu beklagen?
Gewiss gibt es Gelegenheiten,
selbst einen Schritt nach vorn zu wagen!

Geschehenes einfach vergessen,
kann niemand, der noch bei Verstand.
Verdrängungstaktik ist vermessen,
weil niemand so die Lösung fand.

Vergessen wäre auch verkehrt –
man kann auch die Erfahrung nützen,
denn sie hat schließlich auch den Wert,
sich vor erneutem Fehl zu schützen!

Von Ärger und von Streitereien,
vom nachtragen vergangner Sachen
kann nur Vergebung uns befreien.
Nur damit kann man Frieden machen.

Vergeben ist gewiss nicht leicht!
Man muss sich selber überwinden.
Doch lohnt es sich, wenn man erreicht,
eine Versöhnung so zu finden!

Wer zum Vergeben ist bereit
und dann den ersten Schritt riskiert,
wird selbst von einer Last befreit.
Wer's tut, wird sehn': Es funktioniert!

Kompromisse

Wie alle klugen Menschen wissen,
lebt man recht gut mit Kompromissen.
Rechthaberei macht keinen froh;
erfahrungsmäßig ist das so!

Wenn man Meinungsprobleme hat
– beruflich oder rein privat –
braucht man für eine Lösung schon
den Mut zu einer Diskussion!

Besonders in der Politik
gibt's manchen Ärger und Kritik.
Über Meinungsverschiedenheiten
kann man grad' da sehr heftig streiten.

Doch meistens kommt es nach dem Streit
zur Demokraten-Einigkeit:
Kommt hier der Gegenpart entgegen,
gibt man auch etwas nach – deswegen –!

Das schafft Verständnis auch zugleich
für und in jeglichem Bereich!
Besser als scharf verbal zu schießen
ist, einen Kompromiss zu schließen!

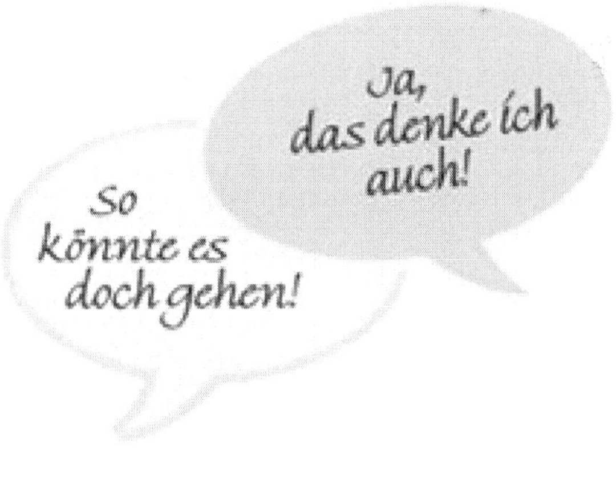

Zur Ermutigung

Gewiss, man sollte,
was man oft wollte,
ohne zu hetzen
auch mal umsetzen!
Einfach in Ruhe,
ohne Getue
für sich allein
sollte das sein!
Mit etwas Mut
geht das auch gut!
Man fühlt sich leicht,
wenn man's erreicht!

Über das Lernen

Lerne fleißig
bis du dreißig –
lerne noch mehr
auch hinterher!
Wenn du glaubst, du weißt genug,
wirst du niemals wirklich klug.
Lerne heiter
immer weiter
mit Genuss –
bis zum Schluss.

Schicksalswind

Weist du noch, wie du warst als Kind? –
Wo sind die Jahre nur geblieben?
Wie eine Feder hat der Wind
des Schicksals dich bis heut' getrieben.

Hast du so manches Ziel erreicht,
dann hattest du wahrhaftig Glück.
War andres auch für dich nicht leicht,
schau trotzdem ohne Gram zurück!

Aus deinem Reichtum an Erfahrung
zogst du gewiss viel Nutzen auch.
Dies schenkte deinem Geist die Nahrung
für einen späteren Gebrauch.

Rückblicke können hin und wieder
zwar hilfreich sein fürs weitre Leben.
Ein Windhauch lässt dich auf und nieder
auf deiner Schicksalsfeder schweben.

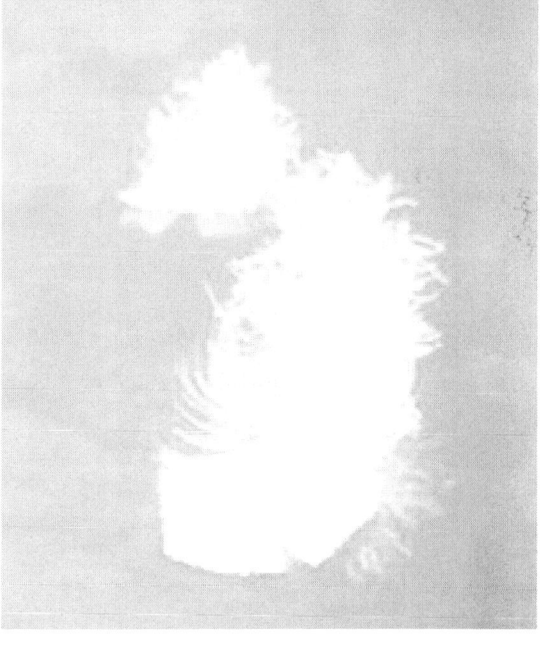

Das Depressionsloch

Zwischen schroffen Felsen schweben –
so erscheint manchmal das Leben.
Man fällt in ein großes Loch
– grundlos – meint man meistens doch.
Ohne Hoffnung auf ein Glück,
zieht man sich in sich zurück.
Traurigkeit drückt schwer und groß –
alles erscheint aussichtslos.
Manchmal kommt es auch so weit,
dass man stumm um Hilfe schreit.

Menschen braucht man, die das sehen,
die den Hilferuf verstehen –
welche Halt und Ansporn geben
für ein ausgeglichnes Leben.
Hoffnung ist es, die uns hält,
dass man nicht ins Tiefe fällt.
Um hinunter nicht zu schauen,
braucht man Stärke und Vertrauen.
Liebe, Mut und Zuversicht
helfen dann zurück ins Licht.

O

Der weise Frosch

Der Frosch sinnierte – mache quak –
nicht immer ist er schön, der Tag.
Doch will ich jeden froh genießen,
auch, wenn mal schmutz'ge Bäche fließen!
Jeder, der wie der Frosch hier denkt,
ist mit der Weisheit reich beschenkt.

O

Die Kartenspiel-Parabel

Mit einem Spruch will ich hier starten,
der mir direkt ins Auge fiel.
Da stand: »Das Schicksal mischt die Karten,
doch du alleine spielst das Spiel!«

Das heißt also, für unser Leben
wird uns das Schicksals-Blatt gegeben.
Nimm auf die Karten, schau hinein
und spiele nun dein Spiel – allein.

Jedoch, ich kann diese Parabel,
wie sie dort steht, nicht akzeptieren.
Sie trifft nicht unsres Daseins Nabel.
Die Gründe will ich formulieren:

Man hat in seiner Lebenszeit
ja erstens nicht die Möglichkeit,
des Schicksals Kartenspiel zu sichten;
auch ordnen kann man es mitnichten.

Zweitens muss hier gesagt auch sein:
Man spielt dies Spiel gar nicht allein!
Mit andren lernt man schnell inzwischen,
beim Karten-Turnier mitzumischen.

Ist man auch nicht verwöhnt mit Jokern,
hüte man sich, zu hoch zu pokern!
Eher wird sich dann Vorsicht lohnen.
Helfen da andre Positionen?

Doch strebt ein jeder auf ein Ziel
und manches läuft auch, wie gedacht.
Man holt das Beste aus dem Spiel, –
jedoch das Schicksal hat die Macht.

Die Chance

Das Erdenleben ist gewiss
nicht immer wie im Paradies. –
Jedoch kommt ganz bestimmt einmal
von irgendwo ein Hoffnungsstrahl!
An Missgeschicken kann man reifen!
Den Hoffnungsschimmer zu ergreifen,
ist eine Chance, immerhin
und gibt dem Leben wieder Sinn!
Das Leben ist an Vielfalt reich;
erkenn' die Chance – ergreif' sie gleich!
Die Folgerung ist also nun:
Man muss auch selbst was dafür tun!
So kommt man wieder in Balance. –
Versäume niemals solche Chance!

Der Weg zum Glück

Sprüche, die klug sind, hört man viel.
Der Weg – so sagt man – ist das Ziel.
Doch ist der Weg zum Glück sehr weit!
Oft gibt es da Glücksaugenblicke.
Doch diese sind nur Wegesstücke
zum Glücksziel der Zufriedenheit.
Die Wanderung ist oft nicht leicht.
Glück ist, wenn man dies Ziel erreicht!

Blümchen...

Ich schnupperte als Knäblein zart
schon gern an Blümchen jeder Art.
Diese dann auch zu pflücken,
konnte mich da entzücken.
Die Vielfalt und die Farbenpracht
haben mich immer froh gemacht.

Mit dieser Vorliebe daran
wuchs ich dann auch zum Mann heran.
Freude an allem Schönen
kann meinen Sinn verwöhnen.
Logische Folge war daraus:
Sie breitete sich weiter aus.

Der so entstandne Schönheitssinn
Führte mich auch zu andrem hin;
er lässt sich sozusagen
vielfältig übertragen.
Blümchen liebe ich heut' noch sehr,
jedoch – ich pflücke sie nicht mehr.

Über das Wollen und das Gelingen

So mancher meint, er könne singen,
er drückt's mit seiner Stimme aus.
Er selbst glaubt feste ans Gelingen.
Für Zuhörer ist's doch ein Graus.
Manchen der Menschen allerdings
gelingt's.

So ist's auch mit dem Musizieren
mit Instrumenten mancherlei.
Man meint, man braucht das nicht studieren.
Zumeist kommt nichts heraus dabei.
Einzelnen Spielern allerdings
gelingt's.

Künstler zu sein, das glauben viele.
Ob auf der Fläche oder plastisch
erstreben sie die höchsten Ziele –
hoffend, man fänd' ihr Werk fantastisch.
Nicht vielen Künstlern allerdings
gelingt's.

Im Land der Denker und der Dichter
glaubt mancher: »Ja, das kann auch ich!«.
Er schreibt sie, die Gedankenlichter, –
am besten doch wär's, nur für sich.
Einigen Schreibern allerdings
gelingt's.

Ihr Kreativen, denkt jetzt nicht:
»Wenn's so ist, lass ich's lieber sein.«
Euer Talent nehmt in die Pflicht,
nur so kriegt ihr die Chance allein!
Mit etwas Glück noch – allerdings –.
gelingt's!

Manchmal...

Manchmal wünschte ich mir schon sehr,
dass ich so klug wie Einstein wär' –
weise, wie Denker, die bekannt,
wie Platon, Dante oder Kant.
Doch selbst mit kühnster Fantasie
erreiche ich das Ziel wohl nie;
denn deren Schuhe – denke ich –
wären da schlicht zu groß für mich.

Manchmal denk' ich, es wäre fein,
ein Künstler wie Van Gogh zu sein,
Rembrandt und Michelangelo,
Dürer, Picasso oder so.
Ich schuf recht viele Bilder zwar,
(manchen gefallen sie sogar.)
Jedoch in diesen hehren Kreis
komme ich nie – ich weiß, ich weiß.

Manchmal möcht' ich Gedichte schreiben,
die lang noch im Gedächtnis bleiben.
So wie Fontane, Lessing, Heine,
Busch und Heinz Erhardt ich auch meine,
Schiller und Goethe und dergleichen! –
Die Klasse werd' ich nie erreichen,
Deswegen muss ich mich im Leben
mit meinem Los zufrieden geben.

Die Wege zum Erfolg sind schmal, –
trotzdem versuche ich's – **manchmal**...

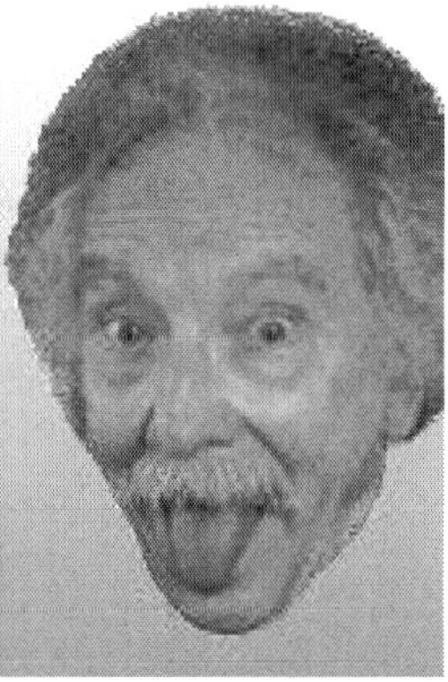

Schlaubergers Sprüche

Ist unsre Welt voll Fried und Ruh,
mache getrost die Augen zu.
Spürst du doch Ungerechtigkeit,
dann öffne sie geschwind – und weit!

O

Missfällt dir, was die andren treiben,
ist's harmlos, kannst du sitzen bleiben.
Solltest du jemand hilflos sehen,
steh auf, um schnell zu ihm gehen!

O

Hörst du die Leute Böses reden
über die Menschen – über jeden,
zeige dich nicht beeinflussbar.
Vieles davon ist meist nicht wahr.

O

Fehlt dir zum Gutreden ein Grund,
dann halte besser deinen Mund!
Weißt du selbst nur ein Gutes bloß,
rede nur munter forsch drauf los!

O

Wer nicht recht schön mit zwanzig ist,
wer stark an Kräften nicht mit dreißig,
mit vierzig Klugheit wird vermisst,
und wer mit fünfzig noch nicht reich ist,
ist wahrlich nicht vom Glück betroffen.
Da hilft kein Warten und kein Hoffen.

(Frei nach Dr. Martin Luther)

O

Wenn dir ein Mensch gar böses tut,
versuch', es zu verzeihen.
Meint jemand es mit dir nur gut,
lass Dank ihm angedeien.
Doch leider es ja oft so ist,
dass man die gute Tat vergisst,
das Böse aber trägt man – ach –
dem Übeltäter lang noch nach.

O

Ein Rausch ist zu ertragen,
er fördert Fröhlichkeit.
Als schrecklich zu beklagen
doch ist die Trunkenheit.
Nach zu viel Alkoholgenuss
redet man oft den größten Stuss
und tut mitunter Sachen,
die kaum mehr gutzumachen.

O

Will jemand Streit – egal weswegen –
komme dem freundschaftlich entgegen,
wodurch der Streitpunkt schnell verpufft.
Schon ist sie wieder rein – die Luft!

O

Neugier ist ein Trieb im Leben,
der uns von Natur gegeben.
Will man seinen Geist erhellen,
muss man ständig Fragen stellen!
Neugier-Trieb und der Verstand
geh'n am besten Hand in Hand.

O

Wer sich mit fremden Federn schmückt,
gerät sehr leicht in die Gefahr,
dass er von diesen wird erdrückt!
Drum zeig' dich, wie du bist, ganz klar!

O

Meine Gedanken fliegen weit
mal mit und oft auch ohne Ziel
immerzu vorwärts durch die Zeit.
Nur so erreicht man – denk ich – viel!

O

Das Wunschpaket

Nach meinen Wünschen mal befragt,
habe ich folgendes gesagt:
»Ich denke da an ein Paket
mit vielen Wünschen, wenn es geht:
Gesundheit und Zufriedenheit,
ein rechtes Wort zur richt'gen Zeit,
'nen Menschen, der auch zu mir steht,
dann, wenn es mir mal schlecht ergeht.
Ein friedliches Zusammenleben.
Liebe empfangen und auch geben,
Die Gabe auch, bei wicht'gen Sachen
stets nur das Richtige zu machen.«
Ich sagte: »Die Erfüllung hier
liegt ja zum großen Teil an mir.
Mit Achtsamkeit und gutem Willen
kann ich mir vieles selbst erfüllen.
Auf vieles kann man doch nur hoffen;
mein Wunschpaket bleibt deshalb offen.
Vielleicht fällt noch – es könnt' ja sein –
was Überraschendes hinein.«

Lebensseiten

Das Leben hat zu allen Zeiten
Fürwahr zwei ganz verschiedne Seiten.
Eine davon ist positiv,
die andere doch negativ.
Wichtig ist auf der Lebensreise
die eigene Angehensweise.
So kann man negatives Denken
durchaus zum Positiven lenken.

Ein Gleichnis, das allseits bekannt,
sei beispielhaft hier mal genannt:
Hans sagt: »Mein Glas ist schon halb leer!
Die Hälfte hab' ich schon nicht mehr.«
Peter sagt: »Meins ist noch halb voll,
ist das nicht wunderbar und toll?«
Wer von den beiden – frage ich –
gewinnt daraus nun mehr für sich?

Wird fünfzig man und denkst dabei,
das halbe Leben ist vorbei,
hat man ja höchstwahrscheinlich Recht. –
Die Ansichtsweise doch ist schlecht.
Schaltet man um und denkt daran,
was man noch alles machen kann,
zieht die Erkenntnis man daraus:
Das Gleiche sieht viel heller aus!

Geheimnisse

Ein Mädchen hütet ein Geheimnis,
von dem nur ihre Freundin weiß.
Die gab's auch keinem andren preis –
selbst, als sie fort ging – sie allein ließ.

Vor ganz bestimmten Feiertagen
tun Eltern oft geheimnisvoll,
Die Kinder finden das auch toll
und trotzdem nerven sie mit Fragen.

Jedoch in der Erwachs'nen Welt
sieht ein Geheimnis anders aus.
Man rückt nicht gern damit heraus –
Misstrauen oft den Weg verstellt.

Geheimnisse trägt in der Tat
jeder mit sich herum im Leben.
Doch diese andren preiszugeben
wäre zumeist kein guter Rat.

Geheimnis-Arten braucht man sehr!
Als Beispiele: Das Beichtgeheimnis,
das Arztgeheimnis, Staatsgeheimnis,
das Bankgeheimnis und noch mehr.

Solche Geheimnisse jedoch
muss man bedingt mit andren teilen.
Das kann gefährlich sein zuweilen;
oft gab's da manch' Vertrauens-Loch.

Zum Kontext der Geheimnis-Arten
gehört auch das Mysterium,
wo man nicht weiß, wieso, warum,
ob oder was man könnt' erwarten.

Ereignisse, die rational
ganz unerklärlich uns erscheinen,
die sich mit Fantasie vereinen,
zu Traumbildern, ganz irreal.

Kinder sind meistens sehr empfänglich.
Durch Märchen, Zauber und Magie
– anregend für die Fantasie –
machen sie mutig oder bänglich.

Geheimnisse oft Neugier wecken. –
Sind sie nun wichtig oder nicht?
Man zög' sie gern ans Tageslicht. –
Lasst sie doch im Diffusen stecken.

O

Bockspringen

Bockspringen ist ein Kinderspiel.
Zu diesem Spaß braucht man nicht viel.
Man lernt es schnell – es ist nicht schwer;
zwei Kinder nur – aber auch mehr –
können da spielend sportlich sein.
Die Fröhlichkeit kommt von allein.
Rund um die Welt, in jedem Land
ist diese Spielregel bekannt:

Das eine Kind beugt sich vornüber,
das andere springt dann darüber
wobei das Kind, welches sich beugt,
vom festen Stand sich überzeugt,
weil ja das Kind, das springt, dies nützt
und sich auf dessen Rücken stützt.
Es grätscht dabei die Beine breit
und springt – mit Druck der Arme – weit.

Das Kind, welches nun sprang bereits
bückt nach dem Sprung sich seinerseits,
damit das andre Kind sodann
es auch so überspringen kann.
Kommen mehr Kinder dann hinzu,
kommt es zum Anstehen im Nu.
Der Reihe nach springt jedes dann –
und stellt sich wieder hinten an.

Woher der Name Bocksprung zeugt?
Von dem, der wie ein Bock sich beugt? –
Von dem, der wie ein Böcklein springt?
Schön, wenn die Abwechslung gelingt.

Zu solcher Ausgewogenheit
sind Kinder gern beim Spiel bereit
Will eins von diesen doch nur springen,
wird so ein Spielchen nicht gelingen.

Sind diese Kinder dann nach Jahren
erwachsen, werden sie erfahren,
dass man bemüht ist fürs Gelingen,
höher als andere zu springen –
dass man versucht, sich auf dem Rücken
der anderen empor zu drücken.
– – – Ans Bockspringen zurückgedacht:
»Wie haben wir das da gemacht?

Spring-Chancen war'n für alle gleich.
So war das Spiel an Lehren reich!
Sind diese heut' noch umzusetzen
beim eifrigen Karriere-Hetzen?«
Gut, wenn man als Karrie-Star
dran denkt, wie's beim Bockspringen war.
Solche Gedanken machen reich.
denn Menschlichkeit macht alle gleich!

Der Ohrwurm

Ein Ohrwurm – gut getarnt als Lied –
kriecht durch die Ohren ins Gemüt.
Im Hirn setzt er sich listig fest,
dass er sich schwer vertreiben lässt.
Im Licht des Geistes bleibt er steh'n
wie einst im Lied Lilli Marleen.
Kein Mittel gibt es – keinen Schalter;
er bleibt dort bis ins hohe Alter.

Gesundheit und Genuss

Gesundheitsbewusst warnt man sehr
vor dem Genuss von Süßigkeiten;
denn Kuchen, Speiesseis und mehr
würden den Taillenumfang weiten.
Zudem auch Honig, Marmelade
und jede Art von Schokolade.

Doch Schokolade mag ich auch,
wenn sie zergeht so schön im Mund.
Ganz klar, sie rundet meinen Bauch
und ist – ich weiß ja – ungesund.
Trotz andrer noch bekannter Gründe
gönn' ich mir oftmals diese Sünde!

Das Gedanken-Labyrinth

Wie seltsam Gedanken der Menschen doch sind;
vergleichbar verschlungen wie ein Labyrinth.
Das Ziel ist, den richtigen Weg bald finden,
trotz dass sich die Wege zur Mitte oft winden.
Abzweigungen gibt es – es geht nicht gradaus.
Ob links- oder rechtsrum, man sucht sich was aus.
Man denkt, hier ist's richtig, doch wird manchmal klar,
dass diese Verzweigung 'ne Sackgasse war.
Dann heißt es: Zurückgehen – neu überlegen,
versuche es noch mal auf anderen Wegen.
Sieht man keinen Lösungspunkt, kann man zum Glück
nach dort, wo man anfing, ja wieder zurück.
Gut, dass die Gedanken beweglich doch sind,
wenn auch so verschlungen wie ein Labyrinth.

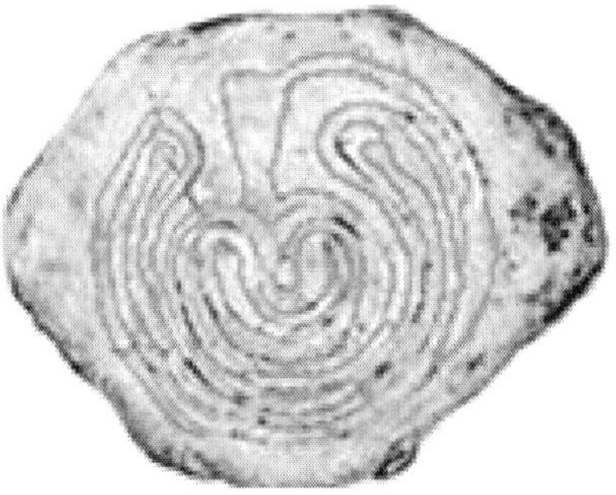

Ode an die Einfachheit

Auf Erden ist das Triviale
im Regelfall das ganz Normale.
Ich sehe es und will gesteh'n,
ich finde das Normale schön!

Viel Protz und Prunk ist nichts für mich –
auch nicht der Glanz der Eitelkeit.
Deswegen schreib' und singe ich
ein Loblied auf die Einfachheit

O

Themenbereich 5

Jahreszeit-Gedichte

Frühling

Der Winter ist Vergangenheit.
Zukunft ist jetzt die Frühlingszeit!
Recht zaghaft zeigt sie sich zwar noch,
siegreich wird sie letztendlich doch.
Oft haben wir die ersten Sprossen
der Frühlingszeit bereits genossen,
haben der ersten Blüten Pracht
uns immer wieder froh gemacht.

Der Frühling zeigt uns, wie es geht,
dass alles wieder neu entsteht.
Er gibt uns heute – so wie immer –
den positiven Hoffnungsschimmer,
dass selbst aus tiefster Schicksalsnacht
stets wieder Neues auch erwacht!
Indem wir Kälte überwinden,
werden erneut wir Wärme finden!

Sommer

Sommer – ein klares Synonym für Leben,
für Freude, Übermut und hellen Schein.
Sommer – er kann ein schönes Beispiel geben
für Wachstum und für ein Vollkommensein.
Sommer – ein Sinnbild ist er auch für Reife,
ein Hinweis auch auf die endlose Schleife
– auf die im Geiste nachvollzogne Acht,
die Jahr für Jahr die gleichen Runden macht –.

Am Mittag steht die Sonne im Zenit.
Ich selbst werfe fast keinen Schatten mehr.
Dem Wald komme ich näher, Schritt für Schritt.
Ach, wäre es jetzt schön am kühlen Meer.
Auch dort, wo kühle Bäche munter fließen,
kann man der Sonne Wärme froh genießen.
Orte gibt's viele, wo es mir gefällt,
doch sehe ich auch hier: Schön ist die Welt!

Im Schatten eines dichtbelaubten Baumes
sitze ich still – der Sommer brütend heiß. –
Ich schließ die Augen, doch, gleich eines Traumes,
seh' ich durch dünne Lidhaut rötlichweiß.
Ein leichter Windhauch etwas Kühlung bringt,
so auch das Lied, das eine Lerche singt.
Ich hör', wie ringsumher die Mücken surren
und spür zugleich, sie hinterlassen Spuren.

Dann schweift mein Blick begeistert weit umher,
bestaunend so das Wachsen, Reifen, Werden.
Getreidehalme schimmern gelb und schwer, –
werden in Kürze wohl geschnitten werden.
Die Zeit vergessend träum' ich vor mich hin
und denke nach über des Daseins Sinn.
Sommer – Mitte des Jahres und des Lebens?
Wuchs, reifte alle Schönheit hier vergebens?

Langsam vergeht ein schöner Sommertag.
Ich schüttle ab die grübelnden Gedanken.
Wer weiß denn schon, was morgen kommen mag.
Sie sind ja gut, die uns gesetzten Schranken!
Das Weizenfeld vor mir wiegt sich in Wellen.
Ich höre einen Hund von weitem bellen.
Es wird auch etwas kühler, immerhin.
Ich freue mich darüber, dass ich bin!

Herbst

Der Herbst lässt uns schon einen Hauch
der bald nahenden Kälte ahnen.
Kürzere Tage zeigen auch
der Sonne niedrigere Bahnen.

Hörst du, nach einer kühlen Nacht,
wie eine Windbö wütend bellt?
Das Laub doch zeigt noch Farbenpracht,
bevor es sterbend niederfällt.

Blätter, die schon am Boden träumen,
knistern nun dürr bei manchem Schritt
und teilen leis' uns unter Bäumen
die Botschaft des Vergehens mit.

Nebel schwebt geisternd überm Tal
bis ihn die Sonne spät vertreibt.
Braun-gelbe Felder schlummern kahl
wirken nun sinnlos und entleibt.

Pilze durchbrechen nun im Wald
das Erdreich - Moos und Gräser hebend.
Das Hacken eines Spechts erschallt,
nach Nahrung unter Borke strebend.

Doch Blumen blühen noch und ranken,
bringen mit ihrem Farbenspiel
uns so auf freudige Gedanken.
Das bloße Dasein ist ihr Ziel.

Entstehen, Dasein und das Enden
sind die Stationen jedes Lebens.
Versuche, hier etwas zu wenden
sind völlig sinnlos und vergebens.

Doch schenkt der Herbst uns einen Schimmer
auf manchen farbenhellen Schein -
und die Natur beweist uns immer
den Mut, einfach nur da zu sein.

Winter (eine Parabel)

Die Jahreszeit nummero vier
erweckte meine Fantasie.
Der Begriff Winter spendet mir
Anregungen zur Poesie:

Ich sehe mich spazieren gehen
durch eine kalte Winterpracht.
Ringsum ist pures Weiß zu sehen –
glitzernde, weiche, kalte Macht.

Farben des Herbstes sind verschwunden
– bedeckt – unfähig, sich zu wehren.
Erstaunt doch habe ich gefunden
leuchtendes Rot von Vogelbeeren.

Schneeflocken tanzen ihren Reigen.
Außer dem Krächzen einer Krähe,
herrscht ein geheimnisvolles Schweigen, –
Ahnung der Ewigkeiten-Nähe.

Kälte brennt förmlich im Gesicht;
rot wird es – fast wie Vogelbeeren.
Mein Atem dampft – Dunst, Schicht auf Schicht –
will mich des Daseins Wesen lehren.

Schön ist es, durch den Schnee zu gehen!
Ich hinterlasse eine Spur.
Recht klar und weiß ist sie zu sehen, –
doch eine kurze Weile nur.

Winter (entparabelisiert)

Parabeln zeigen uns – verdeckt –,
ein Thema – bildhaft, ›wie durch Blumen‹ –.
Was hinter diesen Zeilen steckt,
hat ein ganz anderes Volumen.

Flüchtig gelesen das Gedicht,
wie dieses, mit dem Thema ›Winter‹,
erschließt sich so wahrscheinlich nicht
des Autors Aussage dahinter.

Drum will ich dies Gedicht ganz neu
– ich spür ein innerliches Treiben –
Strophe für Strophe sinngetreu
entparabelisiert noch schreiben:

▼

Die kalte Winter-Jahreszeit
schenkte mir die Gedankenbrücken,
um meines Lebens Winterzeit
gefühlspoetisch auszudrücken.

So gehe ich – voller Gedanken –
und spüre noch des Daseins Pracht
glänzend und licht und ohne Schranken, –
doch spür' ich auch der Zeiten Macht.

Die pralle Buntheit meines Lebens –
klammheimlich ist sie teils verschwunden.
Doch nichts im Leben war vergebens!
Schönes hab' ich auch jetzt gefunden.

Ringsum geht frisch das Leben weiter;
es stimmt mich froh, wenn ich das sehe.
Unterbewusst – teils ernst / teils heiter –
ahn' ich die Ewigkeiten-Nähe.

Sichtbare Spuren im Gesicht
woll'n mich des Lebens Wesen lehren,
denn jeder Tag hat ein Gewicht –
ein Grund, den Augenblick zu ehren.

Noch kann das Leben ich genießen, –
doch – hinterlässt es eine Spur?
Erinnerungen werden fließen –
doch eine kurze Weile nur.

Wenn – ja dann…

Wenn Wärme uns ins Freie lockt –
man nicht mehr nah' der Heizung hockt;
wenn Krokusse aus Wiesen sprießen
und wir ein Blümchenfoto schießen,
wenn Knospen platzen an den Hecken –
Löwenzahn sprießt aus Mauerecken,
wenn Tage länger sich gebärden,
doch Mädchen-Röcke kürzer werden,
wenn – was noch schlief sonst – in der Früh ging,
ja, dann ist Frühling!

Wenn oft und lang' die Sonne scheint –
man sich im Urlaubsort vereint,
wenn einem heiß ist überall –
reif für den Traum vom Wasserfall;
wenn man sich fragt, warum grad' jetzt
die Schattenbänke sind besetzt; –
wenn leichte Kleider selbst beengen –
man Speiseeis vertilgt in Mengen;
wenn selbst mal sündig denkt ein Frommer,
ja, dann ist Sommer!

Wenn uns der Laubbläser erschreckt,
der uns schon früh' am Morgen weckt,
wenn – weil die Luft so frisch und rein –
die Wanderlust stürmt auf uns ein;
wenn reife Früchte uns entzücken –
man nach Maronen sich muss bücken,
wenn abgeerntet sind die Felder,
wenn farbenfroh strotzen die Wälder –
du selbst dich blasser doch verfärbst,
ja, dann ist Herbst!

Wenn's früher wieder dunkel ist –
Strom, Gas und Öl das Geld auffrisst,
wenn warme Kleidung man probiert,
damit man draußen nicht so friert;
wenn man statt Eistee Glühwein trinkt,
wenn Schnee von droben nieder sinkt,
wenn Menschen Pisten runter rutschen
und dann beim Hüttenabend knutschen;
wenn selbst beim Laufen friert ein Sprinter,
ja, dann ist Winter!

Warum?

Warum ist alles so verwandelt?
Was stimmt uns plötzlich positiv?
Ganz gleich, worum es sich auch handelt,
schnuppern wir frischen Duft statt Mief.

Warum werden die Tage länger –
wird's später dunkel – früher hell?
Warum wird jeder Vogel Sänger
und sammelt Zweig' und Gräser schnell?

Warum wird froher das Gemüt –
könnt' übermütig überborden?
Ist's, weil die Wiese bunt erblüht,
weil es nun wärmer ist geworden?

Dekolletés zeigen Weiblichkeit –
zunehmend sieht man nackte Beine.
Warum nur – denn zu dieser Zeit
ist's doch recht kühl noch, wie ich meine.

Warum platzen die Knospen auf
in kurzer Zeit an Strauch und Baum?
Ganz zartes Grün sieht man zuhauf.
Veränderungen wie im Traum.

Muskeltrainierte Männlichkeit
wird häufig jetzt auch wahrgenommen.
Warum ist grad' zu dieser Zeit
dies Streben über sie gekommen?

Warum lässt sich der Spargel locken
zum Blinzeln in die Welt hinaus?
Kaum wirft er ab die Erdenbrocken.
Ist's schon mit seinem Dasein aus.

Ja, es gibt Fragen über Fragen
um die Ereignisse herum.
Einige sind hier vorgetragen.
Wer weiß die Antwort aufs Warum?

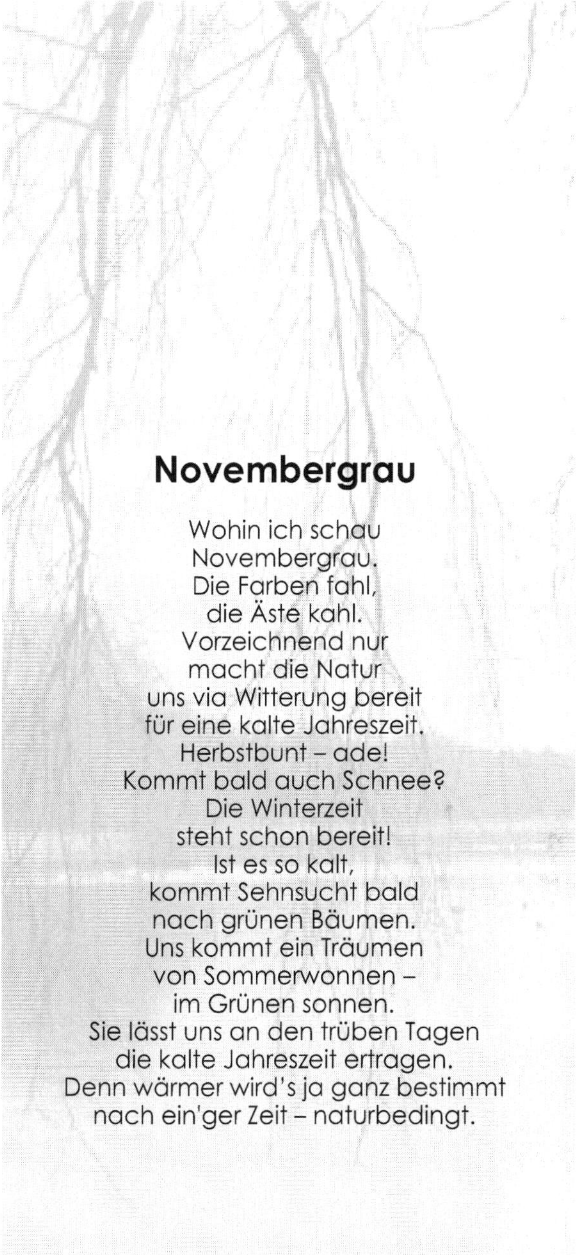

Novembergrau

Wohin ich schau
Novembergrau.
Die Farben fahl,
die Äste kahl.
Vorzeichnend nur
macht die Natur
uns via Witterung bereit
für eine kalte Jahreszeit.
Herbstbunt – ade!
Kommt bald auch Schnee?
Die Winterzeit
steht schon bereit!
Ist es so kalt,
kommt Sehnsucht bald
nach grünen Bäumen.
Uns kommt ein Träumen
von Sommerwonnen –
im Grünen sonnen.
Sie lässt uns an den trüben Tagen
die kalte Jahreszeit ertragen.
Denn wärmer wird's ja ganz bestimmt
nach ein'ger Zeit – naturbedingt.

Eisblumen

Aus Zeiten, als ich noch sehr jung,
hab ich noch in Erinnerung,
dass damals, in der Winterzeit,
wenn es draußen hatte geschneit
und schaurig klang das Sturm-Gewimmer,
es mollig warm war dann im Zimmer.
Wenn hauchbeschlagen dann die Scheiben,
war's wunderschön, daheim zu bleiben.

Die Mutter hat von Märchenwesen
mir abends oftmals vorgelesen.
Dann hieß es: Husch, ins Bett hinein!
Dort schlief ich schnell zufrieden ein.
Als ich recht früh erwacht dann bin,
lief ich sofort zum Fenster hin,
zu sehn, ob's in der Zwischenzeit
es draußen weiter hat geschneit.

Doch war durchs Fenster nichts zu sehen,
denn etwas Tolles war geschehen!
Fantastisch war, was über Nacht
die Winterkälte dort vollbracht!
An dem mit Hauch beschlagnen Glas
hatte der Winter seinen Spaß.
Eisblumen, weiß und wunderbar
boten sich meinen Blicken dar.

Blätter und Farne, kühn verstrahlt
und Blüten hatte er gemalt.
Nie sah ich's so in der Natur,
so malte es der Winter nur!
Ich hoffte, dass dies auf den Scheiben
noch möglichst lange würde bleiben!
Dann ward der Ofen angemacht,
und bald verschwand die Glitzerpracht.

Selbst als ich schon viel älter war,
fand ich es stets noch wunderbar
und ich vergesse sicher nie
des Winters große Fantasie.
Darum hab' ich zu jener Zeit
die Werke der Vergänglichkeit
mehrmals dann auch fotografiert
und somit praktisch konserviert.

Damit man Wärme nicht verschwende,
verstyroport man Häuserwände
Heut haben Fenster Doppelglas,
deshalb fehlt dieser Winterspaß.
Die Maßnahmen sind äußerst wichtig
und energiebezüglich richtig!
Trotzdem bedaure ich es sehr:
Eisblumen gibt's wohl heut kaum mehr!

Schneeflocken

Flocken tanzen vor meinem Fenster,
wie kleine, muntere Gespenster
windhauchbeflügelt auf und ab.
Sie fallen langsam nur herab,
bis sie auf irdischen Gefilden
dann eine weiße Einheit bilden.
Schön glänzt der Schnee in der Natur,
doch auf den Straßen stört er nur.

Darum verschwindet er dort bald
durch unsre menschliche Gewalt.
Doch auch durch Wärme haben eben
Schneeflocken meist kein langes Leben
Drum freue ich mich wie ein Kind,
solang' sie in der Luft noch sind.
Ich will ihr Dasein noch genießen,
bevor zu Wasser sie zerfließen.

Und hierbei kommt mir in den Sinn,
dass ich wie eine Flocke bin,
die mit den unzähligen Andern
ständig ins Ungewisse wandern;
die hofft, der Wind wird sie noch heben,
um noch einige Zeit zu schweben
und wenn sie dann zu Boden fällt,
dort auch noch eine Zeit lang hält.

Der Wind

Der Wind bläst einem ins Gesicht,
real jedoch sieht man ihn nicht.
Klar merkt man, dass er existiert,
weil deutlich man sein Dasein spürt.

Weltweit – zu jeder Jahreszeit –
In ungleicher Geschwindigkeit
weht er stets über Land und Meer.
Wo zieht er hin, wo kommt er her? –

Der Wind zeigt deutlich seine Spur
in unsrer irdischen Natur:
Schiebt Wüstenberge – tonnenschwer –
Sandkorn für Sandkorn vor sich her.

Durch ihn nur türmen sich zuhauf
die großen Wasserberge auf.
Ohne Wind wären in der Tat
sämtliche Meere spiegelglatt.

Die Menschen nutzen seine Kraft,
die prall der Schiffe Segel strafft.
Windmühlen mahlten Korn der Leute; –
Windräder bringen Strom uns heute.

Mal weht er sanft und oftmals heftig,
und manchmal wütet er gar kräftig;
so kann er sehr gefährlich sein! –
Mal streichelt er die Haut nur fein.

Er hinterlässt auch seine Spur
in der geordneten Frisur.
Und mancher Hut lernt so das Fliegen
und ist oft nicht mehr einzukriegen.

Die Fahnen sämtlicher Nationen
wird er gewiss auch nicht verschonen.
Die flattern fröhlich – und geschwind –
drehen sich – klar doch – nach dem Wind.

An Wirkungsweisen ist er reich:
Das Kornfeld wellt sich meeresgleich.

Man hört und sieht der Blätter Rauschen;
Windmelodien sind zu erlauschen.

Es wird und bange, wenn er tobt
und wirksam seine Kraft erprobt.
Doch schenkt er uns bei Sommerschwüle
Erleichterung mit etwas Kühle.

Kurzum, es ist wohl jedem klar:
Wind bringt uns Nutzen und Gefahr!
Gewisslich können wir mitnichten
auf ihn – den Wind – jemals verzichten.

December 2015

I do not remember,
to such of December!
The sky was blue and clear
the sun was shining here.
Look, only green, no snow
I wonder what a show!
That's a reason to sing
like a young bird in spring!

Themenbereich 6

Advents- und Weihnachtszeit

Vorweihnachtliche Zeit

Vorweihnachtliche Zeit beglückt
und Menschenmassen sich bewegen
durch Straßen, die festlich geschmückt.
doch nicht des Jesuskindes wegen.
Dies ist zwar Anlass – nicht der Grund
für dieses Leuchten auf der Welt.
Die vielen Lichter, hell und bunt,
glitzern allein fürs schnöde Geld.

Man kauft – kehrt heim geschenkbeschwert,
damit das Weihnachtsfest gelingt.
Am Heiligabend wird beschert,
wobei man Weihnachtslieder singt.
Und einige – ist das nicht toll? –
zieht's auch am Fest zur Kirche hin.
An solchen Tagen ist sie voll,
dort denkt man an des Festes Sinn.

Advent

Adventszeit! – Spürst du es noch nicht?
Aus tiefster Dunkelheit kommt Licht!
Fühlst du, wie daraus Wärme fließt,
welche sich über dich ergießt?
Du kannst sie vielfach weitergeben;
viel reicher wird dadurch dein Leben.
Öffne dein Herz und sei bereit
für diese hoffnungsfrohe Zeit!

Ein Vorweihnachtslied

(singbar auf ›Cigarettes and Whisky and Cheerio‹)

Die große Geschäftswelt fängt zeitig schon an,
sie denkt schon sehr früh an den Weihnachtsmann.
Bereits im Oktober steht alles bereit
für die stille, beschauliche Weihnachtszeit.

Nun geht es ans Grübeln, denn Schenken muss sein
und macht euch auch selbst für das Weihnachtsfest fein.
Kauft ein, ihr Leute, kauft großzügig ein
und stürzt euch mit Mut in den Trubel hinein!

Die Macher der Werbung, der Dekoration,
die machten sich Pfingsten Gedanken schon;
denn mit guter Werbung man Kunden gewinnt,
damit dann im Handel die Kasse auch stimmt.

Auf Preise zu achten muss jetzt doch nicht sein.
Wozu ist das Geld da? – Heraus mit dem Schein!
Kauft ein, ihr Leute, kauft jetzt fleißig ein;
es sollte vom Guten das Beste nur sein!

Von Firmen gibt's Weihnachtsgeld, das ist ein Glück;
Doch das fließt ja bald in die Kassen zurück.
Das läuft ganz genau, wie's Geschäftsleute denken:
Ein Jeder will ja seinen Lieben was schenken.

Ob Handy, ob Fernseher, Uhr oder Kleid,
macht locker die Mäuse, 's ist Weihnachtszeit!
Ein Laptop, ein Schmuckstück, 'ne Kamera;
kauft fleißig, denn dafür ist Weihnachten da!

Es klingelt die Kasse, der Rubel – er rollt,
man kauft sogar mehr als man vorher gewollt.
Den Arm voll Geschenken für unsere Lieben –
nun, Geld ist da nicht mehr viel übrig geblieben.

Man fragt sich nervös, ob man etwas vergessen –
und haben wir wirklich genügend zum Essen?
Der Baum ist geschmückt mit Lametta und so.
Teils sind wir erledigt, doch irgendwie froh.

Die Prediger finden das Weihnachtsfest toll,
denn da sind die Kirchen ja wirklich mal voll!
Die Menschen, die sitzen dort oder gar stehen,
hat man übers Jahr da nur selten gesehen.

Mit Krippenszenen – von Kindern gespielt –
wird auf das Gemüt der Gemeinde gezielt.
Dann singt man gemeinsam: Oh, Heilige Nacht,
danach wird sich schnell auf den Heimweg gemacht.

Der Christbaum steht da und ist prächtig geschmückt.
Die Kerzen erstrahlen und man ist entzückt.
Ein Chriskind-Fgürchen liegt dort noch im Stroh –
dann singen wir auch noch ein Weihnachtslied froh.

Lichterketten, Lametta und Englein mit Po –
einWeihnachtsgedicht macht die Großeltern froh!
Viel Kuchen und Nüsse und Bier sowieso,
zu Weihnachten ist das nun eben mal so.

Voll Ungeduld steh'n wir vorm Gabentisch,
erschöpft zwar und nicht mehr so feierlich.
Doch dann geht's erst los, ja, ich sag's mal so frei,
da wird gut gespeist und getrunken dabei!

Weihnachtsgans mit Blaukraut, ein Schnäpschen dazu,
so gehen die Stunden vorüber im Nu.
Ein guter Wein, Whisky und Bier sowieso,
zu Weihnachten ist das nun eben mal so.

So feiern wir Weihnachten fröhlich – juchei
und geh'n so am Sinne des Festes vorbei!
Für Stille, Besinnung, Beschaulichkeit
bleibt bei diesem Trubel nur wenig Zeit.

Weihnachtsbaum, Geschenke und Firlefanz
und im Magen rumort dann die Weihnachtsgans.
Viel Süßes und Nüsse und Sekt sowieso,
Zu Weihnachten ist das nun eben mal so! –

Doch ist es zu Weihnacht nicht überall so!

Bereit?

Mensch, bist du innerlich bereit
zu einer frohen Weihnachtszeit?
Es ist die Zeit, die Hoffnung birgt,
weil dieser Anlass viel bewirkt
zur Rücksichtnahme aufeinander
zwecks gutem, fairem Miteinander.

Dem Ursprung dieses Fests gedenk'. –
Gibt es ein größeres Geschenk?
Was uns die Heilsgeschichte lehrt,
hat wahrhaft unschätzbaren Wert,
weil sie uns klar vor Augen führt,
was man im tiefsten Innern spürt.

Die Zeit zum Geben und zum Nehmen
ist ja so wertvoll für das Leben!
Indem man an den Nächsten denkt,
hat man sich selber auch beschenkt.
Öffne die Tür zum Herzen weit, –
nutze des Fests Gelegenheit!

Wie Ochs und Esel den Heiligen Abend erlebten

In einem Stall in Bethlehem
war's für zwei Tiere recht bequem.
Für Ochs und Esel ganz allein
konnt' es dort sehr gemütlich sein.
Es wurde dunkel – und deswegen
wollten sie sich zum Schlaf hinlegen.
Der Ochse kaute noch am Schmaus,
der Esel sah zum Feld hinaus.

Doch plötzlich sprach der Esel: »Du,
da kommen Menschen auf uns zu!
Soweit ich es erkennen kann,
ist da 'ne eine Frau und auch ein Mann;
und schau, es haben diese Zwei
auch einen Esel noch dabei! *
Der Ochs brummte – vernehmbar kaum – :
»Ich denk', du hattest einen Traum.

Du siehst zwei Menschen und ein Tier;
was sollten die denn wollen hier?
Mach einfach deine Augen zu,
träum' weiter, aber gib jetzt Ruh'!«
Der Ochse knurrte kurz, doch streng.
Der Esel sprach: »Dann wird's hier eng.«
Zu müd', um störrisch noch zu sein,
schlief auch der Esel endlich ein. –

Maria kam mit ihrem Mann
auf ihrem Esel bald dort an
um sich erschöpft niederzustrecken –
leis', um das Vieh nicht zu erschrecken.
Esel und Ochse schliefen da,
während ein Wunder dort geschah.
Doch sind sie mitten in der Nacht
von einem Kinderschrei erwacht.

Sie trauten weder Aug' noch Ohren –
ein Menschenkind ward hier geboren!
Der Ochs konnte es fassen kaum,
denn es war Wirklichkeit – kein Traum!
Der Esel, der dazu gekommen,
hatte von all dem nichts vernommen.
Er war erschöpft, weil er seit Tagen
Maria bis hierher getragen.

Im Stall war es nun doch sehr eng,
deswegen roch es auch recht streng.
Der Ochs brummte mit müder Lippe:
»Die haben unsre Futterkrippe
ohne zu fragen, ungeniert
zum Babybett umfunktioniert.«
Der Esel sprach zum Ochsen dann:
»Schau dir das Menschlein doch mal an!

Es ist so süß, so winzig klein,
da kann man doch nicht böse sein.
So lang es hier ist – währenddessen –
können wir ja vom Boden fressen.«
Der Ochs sprach: »Da kann man nichts tun,
sei still und lass uns weiter ruh'n.«
Doch plötzlich aus der Ferne drang
zu ihnen himmlischer Gesang,

Dazu klang das Geblök von Schafen.
Der Ochs sprach: »Wie soll man da schlafen?«
Und nach dem Melodienschall
standen noch Hirten vor dem Stall
um dieses Menschenkind zu sehen
und erst danach wollten sie gehen.
Bei diesem Määäh-Konzert von Schafen
konnte wohl nur das Kindlein schlafen.

Der Esel, der Maria trug,
war ebenfalls müde genug,
und hatte drum vom Geh'n und Kommen
trotz großer Ohren nichts vernommen.
Der Ochs sprach noch: »Das Knäblein klein
muss wohl was ganz Besond'res sein.«
Der Esel lag schon wieder da
und krächzte müde nur: »Ihhh-ja.«

Nachtrag:

Merkt Euch, Ihr Leut' auf jeden Fall:
Zwei Esel waren dort im Stall!
Stellt Ihr die Weihnachtskrippe auf,
achtet ab jetzt einmal darauf!
Zum Weihnachtsmarkt solltet Ihr laufen
und einen zweiten Esel kaufen!
Schaut dabei, ob ihr einen kriegt,
der abgeschlafft am Boden liegt,
denn dieser hat an vielen Tagen
Maria mit dem Kind getragen!

O

* *Nach dem so genannten Protevangelium des Jakobus, 17, 2+3 ritt Maria auf einem Esel. Dies wird in der Bibel zwar nicht erwähnt. Es erscheint aber logisch bei ca. 160 Km Wegstrecke und ca. 5 – 6 Tagen Fußweg durch unwegsames Gelände.*

Der Tannenbaum

Zu Weihnacht steht in manchem Raum
ein schön geschmückter Tannenbaum.
Kinder, die es nicht anders wissen,
wollen ihn später auch nicht missen.
Drum wird der Brauch weiter gegeben;
dadurch erhält man ihn am Leben.

Der Baum die Fantasie erweckt –
das Grün wird mit viel Schmuck verdeckt.
Betrachter sagen dann entzückt:
Mein Gott, wie ist der schön geschmückt,
weil den Gestalter dieser Pracht
die Äußerung sehr glücklich macht.

Was hat der Baum – so frag' ich nun –
mit unsrem Weihnachtsfest zu tun?
Ein Tannenbaum stand ehedem
ganz sicher nicht in Bethlehem.
Wie ist es nur dazu gekommen,
dass man ihn als Symbol genommen?

Uralte Hinweise uns zeigen
bezüglich immergrünen Zweigen,
dass Heiden sie benutzten wohl
als Hoffnung gebendes Symbol.
Es fand – aus der Gewohnheit Drang –
zum Christentum den Übergang.

Nachforschend lese ich verwundert,
dass seit dem achtzehnten Jahrhundert,
der Tannenbaum – schön aufgeputzt –
als Weihnachtsbaum wurde genutzt.
Mit Äpfeln, Nüssen und noch mehr
zeigte man ihn auch gerne her.

Der Brauch begann – hab' ich erfahren –
wo Protestanten sesshaft waren.
Dann übernahmen ihn auch Cliquen
von liberalen Katholiken.
Des einst heidnischen Ursprungs wegen,
war'n Kirchenoberste dagegen.

Mitte des zwanzigsten Jahrhunderts
wurde das Aufstellen – wen wundert's –
von Weihnachtsbäumen in den Kirchen
päpstlich erlaubt! – Mit Zähneknirschen? –
Man hat sich – selbst nicht überzeugt –
dem Wunsch der Bürger wohl gebeugt.

Und Papst Johannes Paul der Zweite
ließ zu, auf Petersplatzes Weite
dass neunzehn-zweiundachtzig dann
man solchen Baum aufstellen kann.
Seit der Zeit hat der Vatikan
dies Jahr für Jahr weiter getan.

Oh Tannenbaum, oh Tannenbaum,
deine Karriere glaubt man kaum,
denn du gewannst stets mit der Zeit
zu Weihnachten an Wichtigkeit.
Neben dem schönen Brauch fürs Schenken,
bist du wohl kaum mehr wegzudenken.
Herr Schiller oder Goethe gar
erwähnten dich in Briefen zwar,
jedoch ein Weihnachtsbaum-Gedicht
schrieben die beiden Dichter nicht!
Rund zweihundert Jahre danach
hol' ich dies hier statt derer nach,
trotz, dass ich mir dabei gedacht,
sie hätten's besser wohl gemacht!

An eine Christbaumkugel

Liegst im Karton für lange Zeit
im Keller in der Dunkelheit.
Weihnachten darfst du draußen sein
am Weihnachtsbaum im Kerzenschein.

Wie schön dein güld'ner Glanz auch ist,
weißt du, dass du zerbrechlich bist!
Drum brauchst du Menschen, die verstehen
liebevoll mit dir umzugehen.

Ja, auch uns Menschen – glaube mir –
geht es mitunter so wie dir.
Weil unsre Glanzzeit auch vergänglich,
sind wir für Liebe sehr empfänglich!

Themenbereich 7

Gefühle und Eigenschaften

Glücksgefühle

Jeder Mensch sucht und braucht ein Stück
vom so genannten wahren Glück.
Wär's leicht zu finden – irgendwo –
wäre die ganze Menschheit froh.

Mancher glaubt, sich im Glück zu aalen,
wenn er für alles kann bezahlen.
Andre wär'n glücklich schon indessen,
hätten sie nur genug zu essen.

Was bringt dem Menschen Glück hienieden?
Da sind die Ansprüche verschieden.
Mancher meint da, der Wohlstand bringt's,
andre, durch Lieben nur gelingt's.

Hilfreich zu sein schenkt andren Glück
und strahlt zumeist zu dir zurück.
Ein friedliches Zusammensein
kann hier auch ausschlaggebend sein.

Erfolg, Gesundheit, frei zu sein,
sind Gründe auch, glücklich zu sein.
Die Anerkennung für sein Streben
kann durchaus Glücksgefühle geben.

Mancher, der viel von all' dem hat,
wird auch von diesem Glück nicht satt.
Er sucht im Laufe seines Lebens
das wahre Glücklichsein vergebens.

Letztendlich kommt dann die Erkenntnis
zu einem neuen Glücksverständnis:
Das wahre Glück zu jeder Zeit
schenkt dir nur die Zufriedenheit!

Das Herz-Gefühl

Es ist das Herz, das klopft und schlägt
und unsres Lebens Tun erträgt.
Drum – wichtig ist's, dass wir verstehen,
recht sorgsam mit ihm umzugehen!

Durch Klappen öffnen, Klappen schließen,
bringt es den Lebenssaft zum fließen.
Das Herz pumpt langsam oder schnell
– bei jedem individuell.

Beunruhigt ist der Mensch dann prompt,
wenn es mal aus dem Rhythmus kommt.
Doch das freut die Betroffnen nie –
jedoch die Pharmaindustrie.

Das Herz hat – das beschreib' ich nun –
auch mit Gefühlen viel zu tun.
Des Lebens Psyche spürt das Herz.
Es lacht vor Freude, weint vor Schmerz.

Mal ist es leicht, doch auch mal schwer,
mal hart, mal weich, mal voll, mal leer.
Ist es mal schwer, schütte es aus; –
mach' keine Mördergrube draus.

Wenn man zärtlich beim Stelldichein
dir sagt: ›Mein ganzes Herz ist dein!‹,
wär's gut, wenn du dies überdenkst,
bevor du auch dein Herz verschenkst.

Hat jemand dir das Herz gebrochen,
spürst du sein schmerzerfülltes Pochen.
Fass' dir ein Herz, lerne daraus –
mache ihm Luft – schütte es aus!

Du kannst es auf der Zunge tragen
und einen neuen Anfang wagen.
Das Herz verschließen muss nicht sein,
denn dann würdest du herzlos ein.

Es kann – wenn Ängste dich aufputschen –
das Herz dir in die Hose rutschen.
Nach überstandnen Sorgen, Schmerzen,
fällt jedem dann ein Stein vom Herzen.

Jedwedem Mensch das Herz aufgeht,
wenn jemand offen zu ihm steht.
Drück ihn ans Herz, lass ihn hinein;
Ein gutes Herz wird glücklich sein.

Alles, was du dir nimmst zu Herzen,
kannst du bewältigen – verschmerzen!
Hast du dein Herz am rechten Fleck,
erfüllt dein Herzgefühl den Zweck.

O

Bauchgefühle

Der Mensch agiert normalerweise
nach seiner Logik – sachlich, kühl.
Aber er spürt seltsamerweise
so dann und wann ein Bauchgefühl.
Er fühlt – somatisch sozusagen –
Behagen oder Unbehagen.

Der Körper schickt Signale aus,
die dem Verstand nicht unterliegen;
jedoch er reagiert darauf.
Das Bauchgefühl wird oftmals siegen.
Durch die natürlichen Sensoren
gibt's Bauchkribbeln oder Rumoren.

Grummeln sagt: Lass das besser sein!
Das Grundgefühl ist negativ.
Kribbeln meint: Lass' dich darauf ein;
dieses Signal stimmt positiv.
Über das Tun oder Vermeiden
muss letztlich der Verstand entscheiden.

Ob Bauchgefühle Wahres sagen,
worauf man sich verlassen kann,
werd' ich nicht zu behaupten wagen.
Doch jeder spürt es – irgendwann.
Schön ist's ja – meinst du das nicht auch –
dies Kribbeln ab und zu im Bauch?!

O

Sympathie

Sie ist schwerlich zu erringen,
niemals lässt sie sich erzwingen.
Meist spontan ist ihr Beginn
und sie ist stets ein Gewinn.
Sie beruht in Freud' und Leid
meist auf Gegenseitigkeit.
Wenn man solch ein Gefühl erfährt,
ist es auch eine Freundschaft wert.
Drum sage ich: Lang lebe sie,
denn sie tut gut – die Sympathie!

Die Liebe ist…

Die Liebe ist Güte und Langmut zugleich,
sie ist an Vertrau'n und Wahrhaftigkeit reich.
Die Liebe erduldet, die Liebe trägt mit;
verbindet und festigt wie Schweißnaht, wie Kitt.
Die Liebe ist klar – ohne Eitelkeit,
sie kennt keinen Endpunkt von Raum und Zeit.
Die Liebe gleicht so einem wärmenden Zelt –
umschließend und schützend als eigene Welt.
Die Liebe vergibt stets und trägt nie was nach;
die Liebe vertraut, – drum liegt Eifersucht brach.
Das heißt nicht, dass Liebe Besitz nun ergreift;
die Liebe entwickelt sich ständig und reift.
Liebe ist zärtlich und frei von Gewalt;
sie ist der Garant für Zusammenhalt.
Die Liebe ist dauerhaft, innig und klar,
die Liebe ist – kurz gesagt – wunderbar!

Die Eifersucht

Die Eifersucht – der Liebe Feind –
basiert auf Mangel an Vertrauen.
Misstrauisch will auf das man schauen,
was man doch zu besitzen meint.

Eifersucht ist ein böses Gift
– zerstörerisch für jede Liebe –
sie gleicht dem Sande im Getriebe,
der scheuernd auf Gefühle trifft.

Es gibt ja keine Garantie
für treue Liebe auf der Erden,
jedoch der Eifersucht Gebärden
bessern die Chancen darauf nie!

Wenn Misstrauen Beweise sucht,
wird einem sicher oftmals klar,
dass es ganz unbegründet war, –
dass töricht war die Eifersucht.

O

Enttäuschung

So manches tritt im Lebenslauf
des Menschen nicht alleine auf.
Enttäuschung ist hierbei zu nennen.
Dieses Gefühl wird jeder kennen.
Doch ging Erwartung nicht voraus,
säh' der Reflex wohl anders aus.
Erwartung und Enttäuschungswunden
sind demnach untrennbar verbunden.

Stellt man – für seines Lebens Glück –
seine Erwartungen zurück,
kann man erfolgreich die Gefahren
einer Enttäuschung sich ersparen.
Gewünschtes, Gutes kommt ja oft
ganz unerwartet – unverhofft.
Ersetzt Erwartung man mit Hoffen,
ist man für Unverhofftes offen!

Die Gier

Gedanken mache ich mir hier
über die Habsucht und die Gier.
Sie tritt – wie seltsam doch – zuhauf
grade bei solchen Menschen auf,
die sich – mit Reichtum voll beladen –
bereits in Macht und Reichtum baden.

Die Frage ist: »Wo kommt es her –
dieses Verlangen nach noch mehr?«
Ist's eine Sucht der Superreichen,
sich wettbewerblich zu vergleichen?
Will man mit Villen, Wagen, Yachten,
nach Ansehen und Freundschaft trachten?

Merkt man denn da nicht irgendwann,
dass man nicht alles kaufen kann?
Vom Überfluss trennt man sich schwer.
Angst vor Verlust – wo kommt sie her?
Säße da nicht die Gier im Herzen,
könnt' man Millionen leicht verschmerzen.

Wo liegt der Grund, dass es geschieht,
dass man noch Steuern hinterzieht?
Man hortet Riesensummen still,
damit niemand was davon will.
Ist es für den, der so was tut,
die gen-bedingte Sammelwut?

Wann ist ein Reicher reich genug? –
›Reichtum verpflichtet!‹ – welch ein Trug.
Sagt man, »durch Fleiß verdient' ich's mir«,
so klingt das unpräzise hier;
der Ausdruck wirkt doch recht verschwommen;
›verdient‹ bedeutet hier ›bekommen‹!

Nichts hergeben von dem Gewinn!
Was heißt da schon ›Gemeinschaftssinn‹?
Wer spricht: »Mein ist doch, was ich hab'«,
dem bleibt am Schluss ein Luxusgrab.
Jedes Realitätsgespür
versagt, wenn dich beherrscht die Gier!

Die Vielfalt der Liebe
(Analytische Versuche in fünf Gedichten)

▼

Eigenliebe und Selbstsucht

Ist Eigenliebe egoistisch?
Betrachten wir's mal realistisch:
Dieser Begriff – so denk' ich jetzt –
ist erst mal negativ besetzt.
In den Gedanken – im Gespür –
seh' Synonyme ich dafür:

Selbstsüchtig, egozentrisch sein –
und ein Narziss liebt sich allein.
Selbstwertgefühl stark übertrieben –
hat oft zum Größenwahn getrieben.
Von Überheblichkeit bestimmt
wird, wer sich selbst zu wichtig nimmt.
Stellt man zur Schau dies ungeniert,
wird das recht selten akzeptiert.

Doch, ganz so einfach ist das nicht,
weil viel fürs Positive spricht!
Da sehe ich im Angebot
ein hohes biblisches Gebot:
»Liebe den Nächsten wie dich selbst.« *
Wenn du dich dem Gebot nun stellst,
heißt das – so kombinier' ich jetzt –
Selbstliebe wird vorausgesetzt!

Daraufhin weiter kombiniert
dies nun zu dem Gedanken führt,
dass ohne Eigenliebe man
auch andere nicht lieben kann.
Selbstliebe fördert Selbstvertrauen,
Sozialkontakte aufzubauen.
Wer Gutes tut und Liebe gibt,
macht er das, weil er selbst sich liebt?

Menschen, die andren Liebe geben
und so bereichern deren Leben,
handeln die so – das frage ich –
aus Selbstliebe, also für sich?
Kommt das, was man für andre macht,
als Selbstliebe nun in Verdacht?
Wenn das so ist, – schließ ich daraus –
sieht das nach Selbstsucht eher aus.

Die Selbstsucht will vor allen Dingen
Lob, Anerkennung stets erringen,
was Anlass zur Vermutung gibt,
dass er sich selber gar nicht liebt.
Der Minderwertigkeitskomplex
zeigt sich als Egotrip-Reflex.
Die Selbstsucht, die stets egozentrisch,
ist nicht mit Selbstliebe identisch.

Die These muss jetzt dazu führen,
die Unterschiede aufzuspüren.
Selbstwertgefühl ist erst mal wichtig,
auch Selbstvertrauen, das ist richtig.
Selbstliebe bildet sich daraus
und davon geht die Liebe aus.
Aus der Basis kann man im Leben
auch andren Menschen Liebe geben.

Verschenkt man Liebe, kommt zum Glück
auch Gegenliebe oft zurück.
Wird dies zum logischen Kalkül,
gibt das ein ungutes Gefühl.
Selbstlose Liebe gäb's dann nicht.
Doch hat sie wahrhaft ein Gewicht,
das unser Leben wertvoll macht;
drum lieb' dich selbst – doch mit Bedacht!

** 3. Buch Mose 19, 18 / Galater 5, 14 /
Lukas 10, 27 / Matthäus 22, 39*

O

Die Nächstenliebe

Die Liebe ist ein großes Thema,
ein schwierig deutbarer Begriff;
nicht einzuordnen in ein Schema –
denn viele Segel hat das Schiff.

Ein Segel ist die Nächstenliebe,
doch stellt sich hier die Frage ein:
Wer in dem großen Weltgetriebe
sollte denn jetzt mein Nächster sein?

Die Antwort darauf ist sehr schwer –
auch übers Wie und das Warum.
Die Moses-Schriften müssen her;
da kommt man wohl kaum drum herum.

Im dritten Buche Mose steht
klar: »**…du sollst deinen Nächsten lieben…**«
und jeder weiß, wie's weitergeht –
ja, – »**…wie dich selbst.**« steht dort geschrieben.

Und nach Matthäus – dem verehrten –
wird dies von Jesus auch gesagt,
als er von einem Schriftgelehrten
nach den Geboten ward befragt.

Was folgert man denn nun daraus,
wenn »**wie dich selbst**« dort steht geschrieben?
Muss man sich erst – so sieht's hier aus –
selbstsüchtig, eitel, selber lieben?

Waren die Worte so gemeint,
dass Selbstliebe erst Liebe bringt?
Die Auslegung nicht logisch scheint,
dass Nächstenliebe so gelingt.

Wobei es auch die Frage gibt,
die man dabei sehr leicht vergisst,
ob man, wenn man sich selbst nicht liebt,
zur Nächstenliebe fähig ist.

Menschen, die klüger sind als ich
haben das Thema überdacht.

In vielen Schriften hab ich mich
deswegen kundig auch gemacht.

Wenn man aus sozialer Sicht
die Zuneigung, das Helfen, Achten
mit Nächstenliebe gut verflicht,
wird man die These neu betrachten.

Wenn du mit Menschen so umgehst,
wie du wünschst, dass sie dich behandeln,
wenn du die Worte **so** verstehst,
kannst du nicht nur dich selbst verwandeln.

Die Nächstenliebe – so gesehen –
bringt andren und dir selbst ein Glück.
Doch führt sie – wenn's bewusst geschehen –
auf Selbstsucht lediglich zurück.

Selbstlosigkeit ist hier gemeint,
nicht ein ›So-wie-du-mir-Geschiebe‹.
Kümmre dich – auch wenn's sinnlos scheint.
Ich denke, das ist Nächstenliebe!

O

Die Partnerliebe

Sehr vieles auf der Lebensreise
hat mit der Liebe was zu tun.
Unter der Partnerliebe nun
versteht man hier nach alter Weise
die Liebe zwischen Frau und Mann.
Fast jeder spürt sie – irgendwann.

Haben zwei Menschen sich getroffen
und finden beide sich sympathisch,
bedeutet das nicht automatisch,
dass „Amors Pfeil" sie schon getroffen.
Doch – wie es oftmals schon geschehen –
kann durchaus Liebe draus entstehen.

Wie das passiert, bleibt rätselhaft.
Kommt's beim Gefühl bei Frau und Mann
auf die Erscheinung erst mal an
oder auf die Ausstrahlungskraft?
Ist's der Charakter – ist's der Charme,
bei dem die Herzen werden warm?

Liebt man, – klingt **diese** Frage hart:
»Folgen Menschen wie Tiere nur
den Urgesetzen der Natur?
Ist das der Grund, dass man sich ›paart‹?«
Ich denke nein – nicht **nur** die Triebe
verursachen beim Menschen Liebe!

Der Mensch ist nicht nur triebgelenkt;
er ist – wenn es ihn auch gelüstet –
ja mit Verstand noch ausgerüstet.
Er ist viel freier, weil er denkt!
Doch setzt er nur Verstand hier ein,
kann das auch keine Liebe sein.

Die Frage taucht auch auf indessen:
Hat man gemeinsame Interessen?
Ist's so, wie man oft hören kann:
Grad' Gegensätze zieh'n sich an?
Die wahre Liebe zu erleben,
erfordert Nehmen sowie Geben –
sie fordert über alle Zeit
Zusammenhalt in Freud und Leid –
bei Ärgernis und Streitgefahren,
Achtung vorm Partner zu bewahren.
Kann man des Partners Fehl verzeihen,
wird auch die Liebe gut gedeihen.
Wird dies zusammen nun genommen,
kann es zur wahren Liebe kommen.
Dies ist nur eine Theorie.
Ganz klären wird man das wohl nie.
Auch wenn es konstruiert hier klingt:
Wenn solche Zweisamkeit gelingt,
umschließt die Liebe sie auf Dauer,
gleich einer schutzgebenden Mauer,
welche das Paar doch nicht beengt
und jedem auch die Freiheit schenkt
der eigenen Persönlichkeit.
Liebe ist auch dazu bereit!

Ich denk', den meisten ist das klar.
Nun sag' ich – auch bei Kitschgefahr:
Das allergrößte Glück auf Erden
ist lieben und geliebt zu werden!

Nachtrag:

Im Nachlass meiner Mutter fand
ein kleines Heft ich, worin stand:
»Mein Kind, weißt du, was Liebe ist?
Ein Stern, auf einem Haufen Mist!«

Gedanklich habe ich ergänzt:
»Ich hoffe, dass der Stern stets glänzt
und über jeden Mist hell blinkt,
dass man vergisst, was einem stinkt!«

O

Die sexuelle Liebe

Die Überschrift – so meine ich –
birgt einen Widerspruch in sich.
Sollte man die Begriffe trennen?
Denn was hat Sex – so frag' ich nun –
mit Liebe eigentlich zu tun?
Kann man den Sextrieb Liebe nennen?

Eros – der Griechen Gott der Liebe –
erregt die sexuellen Triebe
nach leiblicher Vereinigung.
Erotik, dieser große Reiz,
beherrscht Geschlechter beiderseits –
sucht ständig nach Befriedigung.

Betrachtet psychoanalytisch
ist Sex doch egoismustypisch:

Jeder will sein Verlangen stillen.
Ob zärtlich oder ordinär
sind Sexgefühle temporär –
können den Liebeswunsch kaum füllen.

Man weiß, die sexuellen Triebe
werden gestillt, auch ohne Liebe.
Hier wirkt allein der Lustreflex.
Sex kann man haben unbeschwert.
Doch wie sieht's aus hier, umgekehrt:
Kann man auch lieben, ohne Sex?

Worauf kommt es bei Frau und Mann
bei der Thematik wirklich an?
Aufs Aussehen – auf den Charakter?
Die Frage ist: An welcher Stelle
sieht man dabei das Sexuelle?
Was ist entscheidend – was kompakter?

Sagt jemand: »Wir haben die Nacht
ausschließlich Liebe nur gemacht«,
kann diese leicht danach entschwinden.
Ist Liebe einfach so zu machen,
wie irgendwelche andren Sachen? –
Man kann sie – wenn man Glück hat – finden!

Genügt uns denn das Sex-Erleben
für ein stetes Zusammenleben?
Ich denke und ich sage: Nein!
So ist die Folgerung daraus:
Liebe kommt ohne Sex auch aus,
sie hat Bestand auch so – allein.

Zwar haben sexuelle Triebe
Anteile an der wahren Liebe
und tun in der Beziehung gut.
Genießt man sie auch noch so sehr –
Liebe bedeutet einfach mehr
als jede Art von Sinnesglut!

Sind überschäumende Gefühle
– die ja so menschlich – hier im Spiele,
welche wohl keinen lassen kalt,
besteht auch Missdeutungsgefahr.
Dies wird einem meist später klar –
gleich, ob man jung ist oder alt.

Überaus wendig ist die Liebe,
wenn sie gesteuert ist durch Triebe,
denn die verändern sich im Nu.
Sex kann sehr stark den Geist verwirren;
So kann man in der Liebe irren –
trotzdem gehört er auch dazu.

O

Die gleichgeschlechtliche Liebe und deren Probleme

Liebe – Hochgefühl im Leben –
soll's für alle Menschen geben!
Liebe, die die Freundschaft schafft,
Liebe in der Partnerschaft.
Elternliebe ist viel wert –
gleichfalls so auch umgekehrt.
Geschwisterliebe wirkt vereint,
auch wenn es manchmal nicht so scheint.
Sehr segensreich im Weltgetriebe
war stets und ist die Nächstenliebe.
Die Liebe war zu jeder Zeit
geprägt von Unterschiedlichkeit.
Drum geh' ich auch das Thema an
von Frau zu Frau – von Mann zu Mann:

›**Liebe**‹, – erst will ich mal probieren,
diesen Begriff zu definieren.
Sie ist – so, wie man sie nimmt wahr –
mit Trieben leicht verwechselbar.
Der Drang der Sexualität
war immer schon Realität.
Genetisch ist er uns gegeben
zwecks Fortpflanzung für neues Leben.
Darum entstand – so denk ich mir –
In der Natur bei Mensch und Tier –
bei jeder speziellen Art
der sinnvoll zweckgebund'ne Part

männlich und weiblicher Ausstattung,
zwecks der Vermehrung durch Begattung.

Menschen, die gleichgeschlechtlich lieben,
mit homosexuellen Trieben,
können ja selber nichts dafür,
für dieses andere Gespür!
Die Wahrheit ist nicht zu bestreiten!
Doch über wahrlich lange Zeiten
haben sie strafbar sich gemacht,
bestenfalls wurden sie verlacht.
Sie kämpften aber konsequent,
dass man ihr Dasein anerkennt.
Mut brauchten die, welche sich trauten,
sich frei als ›Homo‹ selbst zu ›outen‹.
Endlich hat dies dazu geführt,
dass man sie nun auch akzeptiert.

Heut' wird man nichts mehr dabei finden,
wenn Geschlechtliche sich binden?
Lebensgemeinschaft nennt man dies –
ein homogenes Paradies.
Vom Schöpfer – sprich Natur – gemacht,
war's allerdings nicht so gedacht, –
darunter müssen sie sich beugen:
Sie können keine Kinder zeugen;
es fehlt da schlicht der Gegenpart.
Für die Betroffnen ist das hart.
In unsren aufgeklärten Zeiten
kann man wohl wirklich kaum bestreiten,
dass – wie man es auch dreht und biegt –
eine Anomalie vorliegt.

Nun möchten Homosexuelle,
dass man sie rechtlich gleich auch stelle,
um kirchlich und gesetzlich dann
zu heiraten wie Frau und Mann.
Das Grundgesetz wird hier genannt,
dort steht – was jedem wohl bekannt –
vor ihm sei'n alle Menschen gleich!
Dagegen stehen im Vergleich
doch die Gesetze der Natur.
Sind die dann nur Makulatur?
Darf man nun diese so mal eben
mit bunten Mustern überkleben?

Ist solche Gleichheit – wie's fast scheint –
im deutschen Grundgesetz gemeint?

Hat unser Grundgesetz nicht nur
politisch staatliche Struktur
mit sozialen Hintergründen,
um rechtlich sich zurechtzufinden?
Es schützt die Menschen aller Rassen
ohn' Unterschied von eitlen Klassen.
Menschen – von schwarz bis hin zu weiß –
steh'n rechtlich auf demselben Gleis;
so ist's auch bei den Religionen
für Menschen, die in Freiheit wohnen.
Egal, ob arm man ist – ob reich –
vor dem Gesetz sind alle gleich!
Lesben und Schwule hier letztendlich
haben den Schutz ganz selbstverständlich.

Sie kämpfen tapfer nun zur Zeit,
dass sie trotz Andersartigkeit,
– also genetisch / biologisch
ja anders lieben (rein erotisch) –
folgende Rechte woll'n genießen:
Gesetzlich / kirchlich Ehen schließen.
Ja, – Staats-Gesetze kann man ändern,
wie schon gescheh'n in vielen Ländern.
Mancherorts ist's noch nicht so weit,
da gibt's noch den Parteienstreit.
Doch viele fragen: »Ist das recht,
oder für die Gesellschaft schlecht?«
Die Kirchenmacht ist ›noch?‹ dagegen,
der biblischen Gesetze wegen.

Doch komme ich hier auf das Glück
der Homo-Liebenden zurück:
Sie werden allseits akzeptiert
und nicht kopfschüttelnd angestiert.
Beruflich gibt es außerdem
kaum irgendwo noch ein Problem.
Durch Loveparades in Saus und Braus
fordern sie solches doch heraus.
Sind sie besonders stolz deswegen?
Ja, wer hat denn noch was dagegen,
wenn sich zwei Homogene binden
und so ihr Glück und Liebe finden?

Die Frage, die sich also stellt:
Geht es da schlicht ums liebe Geld?

Will man am Grundgesetz jetzt drehen,
Naturgesetze übergehen?
Für Gläubige ist alles Leben
– so die Natur – von Gott gegeben.
Heißt das nun, jede Art Gefühle,
ob homo- sowie pädophile,
sind auch von göttlicher Natur?
Wir kennen diese Thesen, – nur –
müssen wir Menschen Grenzen setzen,
um andere nicht zu verletzen.
Keiner verletzt doch, was er liebt.
Wie schön , dass es die Liebe gibt!
Trotz Vielfalt sexueller Triebe
lebe sie hoch – die wahre Liebe!

Meine persönlichen Gedanken,
die sich um diese Themen ranken,
schrieb ich mit diesen Versen auf.
Gedanken, die sich frei entfalten,
können sich anders auch gestalten,
sicher gibt's Widerspruch zuhauf.
Hat jemand Einwände – thematisch – ,
besprech' ich's gerne – diplomatisch –.
Ich bin sehr neugierig darauf!

O

Gefühle und Emotionen

Die Emotion und das Gefühl
sind schwierig oft zu unterscheiden.
Doch zeigt das logische Kalkül
die Unterschiede von den beiden:
Gefühl gibt unsrer Psyche Nahrung;
Emotion folgt auf Schock-Erfahrung.

So ist's zwar einfach ausgedrückt,
doch denkt man drüber nach – gebührlich –
und wenn es ins Bewusstsein rückt,
erkennt man's deutlicher – natürlich.
Der Logik folgend fragt man kühl:
Ist Emotion denn kein Gefühl?

Die so genannten Emotionen
gibt es auf dieser Erde hier
– das ist vielleicht noch zu betonen –
beim Menschen gleich so wie beim Tier.
So gab's die Emotionen schon
am Anfang der Evolution.

Die Mehrzahl-Form führt zu dem Schluss:
Es ist ein Sammelbegriff – klar –.
Fürs Überleben einst ein Muss,
weil damals vieles anders war.
Eines davon bis heut' uns blieb,
das ist der Selbsterhaltungstrieb.

Erst möcht' ich bei Gefühlen bleiben.
Was man darunter hier versteht,
will ich als Beispiel niederschreiben,
so umfangreich doch, wie's hier geht:
Angst, Ärger, Mitleid, Freude, Triebe,
Komik – auch Eifersucht und Liebe.

Nehmen wir hier einmal die Angst:
Einst gab's die Furcht, man würd' gefressen,
wobei du heutzutag' noch bangst,
um vieles andere stattdessen.
Das Angstgefühl als Sorgenträger
macht uns zum Glücks- und Vorrats-Jäger.

Was man rein psychisch da erfährt,
lässt sich per Sprache gut beschreiben.
Ob es erfreut oder beschwert,
kann es vergehen oder bleiben.
Was diese Ausführung bezweckt?
Sie zeigt: Gefühl ist nicht Affekt.

Die Angst vor Mangel und Verlust
verursacht eine Reaktion.
Dieses geschieht oft unbewusst
und zeigt sich dann als Emotion.
In jeglichem Bedrohungsfall
Ist Abwehr-Schutz emotional.

Eine spontane Reaktion
Bewirkt emotional etwas:
Durch eine Geste – einen Ton,
durch einen Schreckschuss wird man blass;
auf einen Schock und auf Gewalt,
auf trocken, nass, heiß oder kalt.

Was Emotion und das Gefühl
in ihrer Auswirkung verbindet,
sind Vorgänge, die man labil
in seinem Innersten empfindet.
Reize – inner- und äußerlich –
erregen und verändern dich.

So führt die Emotionserregung
in dem Empfinden der Gefühle
zu heftiger Gemütsbewegung.
Doch mit einer Entspannungs-Kühle
kriegt man das wilde Seelenschiff
auch langsam wieder in den Griff.

Hemmungen

Schön ist's, wenn Liebe frisch erblüht,
die stark zu einem Menschen zieht.
Man sieht ihn in besond'rem Licht –
doch die Person weiß es noch nicht.

Nicht jeder wird sogleich es wagen,
es der Person spontan zu sagen.
Man ist zwar sonst nicht so verklemmt,
hier aber irgendwie gehemmt.

Unsicherheit ist oft der Grund;
sie schließt den Schüchternen den Mund.
Ja, deren Hemmung ist ihr Leid
und führt zur Unbeholfenheit.

Gefahren bildet man sich ein,
zum Beispiel aufdringlich zu sein;
Furcht, etwas falsch zu formulieren
und sich dadurch nur zu blamieren.

Die Gründe hindern da zuweilen,
sich schlicht entsprechend mitzuteilen.
Mutlos ist mancher Mensch – verzagt –
wenn er kaum was zu sagen wagt.

Andre doch haben diesen Schneid
und die verlieren keine Zeit; –
sagen recht schnell: »Ich liebe dich!«
doch denken dabei nur an sich.

Sollt' man auf solche Typen schauen
um Hemmungen so abzubauen?
Man fürchtet, dass es leicht so scheine,
man wolle letztlich nur ›das Eine‹.

Nun ja – Gefühle klar zu zeigen
ist wohl nicht jedem Mann zu Eigen!
Auch Frauen haben dann und wann
sich diesbezüglich schwer getan.

Um Hemmungen zu überwinden,
muss man dann andre Wege finden:

Aufmerksamkeit – ein scheuer Blick –
ein Lächeln – vielleicht kommt's zurück.

So schleicht man sich – ob Frau, ob Mann –
an das gewünschte Ziel heran.
Wer einen netten Gruß gewagt,
hat schon das erste Wort gesagt.

Die Reaktion sehr schnell verrät
des andren Sensibilität.
Spürt man die positive Welle,
verflüchtigt sich die Hemmungsschwelle.

Wenn zwei Gehemmte sich belauern,
kann's bis zum ersten Anlauf dauern.
Oft hapert es am richt'gen Wort,
doch manchmal funkt es auch sofort.

Überlegenheit

Sollt' jemand den Gedanken hegen,
er sei den andren überlegen,
dann wären diese unterlegen.
Solches zu meinen ist verwegen.
Er hätte unbedingt deswegen
mit der Prognose falsch gelegen.
In diesem Sinne sind hingegen
die anderen ihm überlegen,
die zwar ihr Selbstbewusstsein pflegen,
doch stets bescheiden überlegen.

Freundschaft

Freundschaft – das ist ein hehres Wort –
voll tragender Bedeutungskraft.
Entsteht sie, währt sie immerfort.
Das ist der Freundschaft Eigenschaft!

Auf Sympathie kann man sie bauen;
zur Freundschaftsbildung ist es gut,
wenn Wertschätzung sowie Vertrauen
auf Gegenseitigkeit beruht.

Gut, wenn man viele Freunde hat.
Doch wenn man sie dann wirklich braucht
bei Not, Bedrängnis und Verrat,
kann's sein, dass mancher untertaucht.

Echte Freundschaft erkennt man leicht
daran, wenn der Freund zu dir steht, –
der nicht von deiner Seite weicht,
auch wenn es dir mal schlecht ergeht.

Wer hinter dir steht bei Gefahren,
dass keiner dir dein Rückgrat bricht;
der vor dir steht bei dem Verfahren,
wenn jemand übel von dir spricht.

Da fällt mir Schillers Ode ein,
welche symphonisch wird besungen,
nur ›eines Freundes Freund zu sein‹
dem sei ›ein großer Wurf gelungen‹!

So stimm' ich ein in dieses Lied,
welches so überzeugend klingt,
stark hoffend, dass es oft geschieht,
dass dieser große Wurf gelingt!

Hass

Das Schädlichste aller Gefühle
ist wohl mit Sicherheit der Hass!
Diese Empfindungs-Moleküle
belasten ohne Unterlass
und binden alles maximal.
Sie äußern sich oft radikal.
Was ihre Auswirkung betrifft,
ist sie fürs Lebensglück ein Gift!

Der Hass zeigt sich als stärkste Form
der Abneigung und der Verachtung.
Solche Gefühle sind die Norm. –
Mehr zeigt die nähere Betrachtung.
Sucht man den Ursprung – dessen Grund –
ist voller Vielfalt der Befund,
vor dem sich der Verstand oft beugt
und Hassgefühle so erzeugt:

Verletzungen, die man ertrug,
die nicht gesühnt – nicht abgewehrt,
auch Übervorteilung, Betrug,
Wehrlosigkeit, die man erfährt.
Oft kommt der Hass von innen her,
Neid, Eigennutz, Ehrgeiz und mehr,
Kränkung der Liebe – die verschmäht –,
das Saatkorn Hass wird da gesät.

Kein Wunder, dass der Wunsch entsteht,
den so Gehassten zu vernichten.
Man will ihm schaden, wo es geht.
Auf Rache will man nicht verzichten. –
Zudem gibt's den latenten Hass,
gefährlich wie ein Pulverfass.
Der aufwiegelt – Gewalt anstrebt –
wie es die Menschheit stets erlebt.

Der Gegenpart von Hass ist Liebe!
Liebe, die auf Verständnis baut.
Nur sie gibt Kraft gegen die Triebe,
auf welchen sich der Hass aufbaut.
Liebe alleine hat die Kraft
zum Weg aus Hass-Gefangenschaft.
Um selbst sich daraus zu befreien,
hilft nur das Lieben und Verzeihen!

Enttäuschungen

Manche Enttäuschung gibt's im Leben,
Gefühle, die sehr bitter sind.
Vor ihr wird's kaum ein Schutzschild geben.
Man spürt sie schon bereits als Kind.
Sie kann so kränkend sein, dass man
sie niemals mehr vergessen kann.

Kann man Enttäuschung denn vermeiden –
gibt es da keine Gegenwehr? –
Man muss sie erst einmal erleiden,
danach fragt man: „Wo kam sie her?".
Dann merkt man erst, dass in der Tat
man anders es gedacht sich hat.

Vor der Enttäuschung – weiß man jetzt –
eine Erwartungshaltung stand;
und diese hat sich festgesetzt,
weil man sie selbstverständlich fand.
Wenn dies Vertrauen doch entfleucht,
ist man entsprechend auch enttäuscht.

Meist sind es menschliche Gefühle
von Freundschaft, Liebe und Vertrauen.
Auch wird man im Geschäfts-Gewühle
gar listig übers Ohr gehauen.
Kein Wunder, dass es dann passiert,
dass man Gutgläubigkeit verliert.

Enttäuschung – dieses Wortes Sinn
kann jeder schon auf Anhieb sehen:
Da steckt die „Täuschung" bereits drin!
„Ent"tarnt kann man das schnell verstehen:
Man täuscht sich selbst und täuscht die Leute
und wird so selbst der Täuschung Beute.

Ich mein', da kann man gegensteuern! –
Vielleicht hilft ja Bescheidenheit. –
die Einstellung mal zu erneuern
wär' jetzt vielleicht die richt'ge Zeit.
Halte in allem die Balance,
so hat die Klarheit eine Chance!

O

Drei Charaktereigenschaften

Der Pessimist meint, er sei schlau,
betrachtet alles sehr genau.
Misstrauisch ist er von Natur,
sieht in schwarz/grau meist alles nur.
Wenn er was nicht durchschauen kann,
geht er da lieber gar nicht ran.
Des Wortes Ende lautet „-mist"
und sagt, was die Einstellung ist.

Der Optimist dreht „-mist" doch um,
denn „opti" kommt von Optimum.
Das Beste er nur stets erwartet,
mit frohem Schwung er neues startet.
Bei positiver Zuversicht
sieht er im Dunkel auch noch Licht.
Denn, sieht's mal nicht so rosig aus,
macht er das Beste doch daraus.

Der so genannte Realist
betrachtet alles, wie es ist.
Allem, was rund um ihn geschieht,
pragmatisch er entgegensieht.
Der Realist hat stets ein Ziel,
für das Erreichen tut er viel!
Er nutzt für sich jedwede Chance
und hält dabei auch die Balance.

Gibt es nun irgendwas dazwischen?
Kann Eigenschaften man vermischen?
Er wär' doch herrlich, in der Tat,
wenn jeder was von jedem hat!
Mit pessimistisch scheuem Blick
sucht man das Optimistenglück.
Zum Umdenken ist's nie zu spät
zur besseren Realität!

Themenbereich 8

Was mir noch aufgefallen ist

Pandora und Eva

Die griechische Mythologie
gab Denkern schon zu frühen Zeiten
Anregung für die Fantasie
und man entdeckte Ähnlichkeiten
mit manchen anderen Berichten;
so auch mit Biblischen Geschichten.
Vergleichbares, was man da fand
ist – finde ich – recht interessant.
Natürlich gibt's da Differenzen,
doch überschreitet man die Grenzen
der Ursprünge solcher Geschichten,
wird man auch Ähnlichkeiten sichten.

Dem Gott des Feuers und der Schmiede,
der Waffen auch – Hephaistos,
der Schmuckkunst auch – welch Unterschiede –
gab Göttervater Zeus – sein Boss –
die Weisung: »Mach' aus Lehm ein Weib,
gar schön von Angesicht und Leib!«
  Aus Lehm? – Was dies Detail betrifft,
  steht da nicht etwas in der Schrift?
  Ja, Adam war aus Lehm und Sand,
  Eva aus dessen Ripp' entstand.
  Ward – folglich – logisch überdacht,
  Eva nicht auch aus Lehm gemacht?

Zurück doch zur Mythologie:
Zeus sprach: »Talentvoll mache sie;
Verführerisch zudem und schlau,
auch neugierig – kurzum 'ne Frau!
Als allbegabt sie zu erkennen,
sollst du Pandora sie dann nennen!«
Zeus machte ihr – mit Hinterlist –
dann eine Büchse zum Geschenk.
Er sagte nicht, was drinnen ist,
doch warnte er sie streng: »Bedenk',
dass du sie niemals öffnen sollst,
denn alles, was du daraus holst,
ist für die Menschheit folgenschwer,
drum gib sie nur verschlossen her!«
  Pandora – denke ich da eben –
  wurde die Neugier doch gegeben.

So ein Verbot hat seinen Reiz
Wir kennen ähnliches bereits:
Auch Eva wird ja nachgesagt,
dass sie die Neugier hat geplagt.

Nun weiter zum Mythengenuss:
Zeus wollte dies mit Hinterlist
zwecks Strafe für Prometheus,
der als ein Dieb bekannt uns ist.
Die Zeus-Planung kam nun in Fluss:
Der Bruder des Prometheus
– sein Name: Epimetheus –
kam plangemäß in den Genuss,
Pandora sich als Weib zu nehmen.
Als dies Ereignis war geschehen,
konnte Pandora der extremen
Neugierde doch nicht widerstehen.
So machte sie die Büchse auf. –
Nun nahm das Schicksal seinen Lauf.
Seltsam, dass ich auf Eva kam,
die einst ja diesen Apfel nahm,
gleichfalls von Neugier angetrieben.
Ach, wär' sie standhaft doch geblieben!
Auch hier erfährt man ja sogleich:
Ihr Sündenfall war folgenreich!

Nun seh'n wir wieder auf das Stück
Griechen-Mythologie zurück:
Was in der Büchse war enthalten,
konnt' sich dann wirksam frei entfalten:
Untugenden und Laster schwer
fielen über die Menschen her.
Von Übeln, die noch unbekannt
wurden die Menschen übermannt,
denn Arbeit, Krankheit, Leid und Not
war'n neu für sie – so auch der Tod.
Der Büchs' entwich ein Gutes doch:
Das war der Zustand Hoffnung noch!
Nun fällt mir – wie könnt's anders sein –
ein Bibel-Abschnitt dazu ein.
Auch hier gab es – dank Eva – Strafen,
die künftig alle Menschen trafen.
Die Übel, die hier schon beschrieben,
sind uns ja auch bis heut' geblieben.

Jetzt sollten wir darob nicht streiten,
wer vor nicht feststellbaren Zeiten
schuldig an dem Dilemma war.
Eines jedoch wird deutlich klar:
Beider Geschichten Ähnlichkeiten
lassen sich wahrhaft kaum bestreiten.

Nehmen wir an des Textes Ende
zwei Dinge einmal in die Hände
– nur in Gedanken allerdings –
die Büchse rechts, den Apfel links.
Denken wir weiter, kommt dann schon
vielleicht die nächste Illusion:
Eva steht rechts, Pandora links!
Jetzt wird es schwierig allerdings!
Man steht sich ratlos gegenüber;
Dann reichen wir die Dinge rüber.
Nun merken alle schlauen Füchse:
Eva hat die verschlossne Büchse –
Pandora hat den Apfel nun.
Was werden wohl die beiden tun? –

Nun Schluss mit dem fiktiven Denken;
die Antwort können wir uns schenken.
Ganz gleich, was uns durchs Leben treibt,
die Neugierde im Weibe bleibt!
Die Hoffnung bleibt uns ebenso;
das stimmt uns Menschen wieder froh!

Das Socken-Phänomen

Seit Monaten – fast einem Jahr
liegen bei mir schon – das ist wahr –
zwei farbuneinheitliche Socken.
Das hat zunächst mich mal erschrocken,
weil auf geheimnisvolle Art
den Paaren fehlte je ein Part.
Eine der Socken preußischblau,
die andere hell-mäuschengrau.

Die Partnersocken waren weg. –
Für den Zusammenführungszweck
folgte ein wochenlanges Suchen,
doch kein Erfolg war zu verbuchen.
Oft räumt' den Wäschekorb ich aus;
die Waschmaschine spuckt nichts aus.
In einer Nacht hab ich geträumt,
ich hätt' ins Eisfach sie geräumt.

Als ich – was ich erlebt hier hab',
bei andren mal zum Besten gab,
hört' ich erleichtert interessiert,
ihnen wär' solches auch passiert.
Was unerklärbar da gescheh'n
ist offenbar ein Phänomen!
Über die ungeklärten Sachen
konnte wir nun gemeinsam lachen.

Nun denke ich darüber nach,
was ich mit den zwei Socken mach'.
Egal, was andre dazu sagen,
ich werde sie zusammen tragen,
denn beide sind an sich doch schön.
drum denke ich, das wird schon geh'n,
Die Farben ich zwar unterscheide,
doch schließlich – Socke sind ja beide! –

Die Handtaschen der Frauen

(Eine humorig-satirische Betrachtung)

In Handtaschen der eignen Frauen
einfach einmal hineinzuschauen
wird sich ein Mann wohl selten trauen.

Was in die Taschen kommt hinein,
– ob sie nun groß sind oder klein –
soll weiter ihr Geheimnis sein.

Sie selbst – möcht' ich verbuchen –
müssen darin stets suchen,
oft auch mit stillem Fluchen.

Der Inhalt ist wohl umfangreich,
(den Männertaschen im Vergleich)
Geduld, Geduld, sie hat's ja gleich.

Bei Fächern in recht großer Zahl
passiert es eben schon einmal,
dass man ganz einfach mal vergisst,
wo das gesuchte Teil nun ist.
Bei reduzierten Fächern doch
wäre das Suchen schwerer noch.

Logisch, dass man die Frage spürt,
was eine Frau so mit sich führt.
Ein Mann denkt: Das was nötig ist,
wenn man grad' nicht zu Hause ist.
Hier scheint's doch mehr, als was der Mann
mit Fantasie sich denken kann.

Es ist jedoch nicht zu empfehlen,
die Frau zu bitten, zu erzählen,
was sie so alles mit sich führt,
weil man mit Feingefühl schon spürt,
dies alles aufzuzählen,
würde nicht sie nur quälen.

Drum denke ich, es wär' nicht fair!
Frauen benötigen halt mehr,
das ist bekannt seit alters her.

Theaterplätze

Die meisten – denke ich mal – schätzen
die Nummern an Theaterplätzen.
Dadurch kann man beim Kartenbuchen
die Plätze sich vorab aussuchen.

Recht viele Damen sowie Herrn
buchen die Mittelplätze gern.
Wir mögen Plätze allerdings
möglichst am Rand – rechts oder links.

Dabei stellten wir meistens fest,
dass es sich schon drauf wetten lässt,
dass – wer sich gerne mittig setzt –
kommt nach dem dritten Gong – zuletzt.

Ähnlich einer La-Ola-Welle
steh'n Menschen auf dann auf die Schnelle,
damit die Nachzügler bequem
zu ihren Plätzen können geh'n.

Doch tragen wir dies mit Geduld,
denn schließlich ist's auch unsre Schuld,
wenn wir uns auf den Außenplätzen
schon nach dem ersten Gong hinsetzen.

Einmal jedoch ist es geschehen
– als wir ein Drama wollten sehen –,
dass im Theater für uns zwei
nur Mittelplätze war'n noch frei.

Wir wollten früh dort sein, darum
zogen wir uns beizeiten um.
Ein Häppchen gab's dann noch zu essen
und bloß die Karten nicht vergessen!

Na klar, die stecke ich noch ein;
die müssten an der Pinnwand sein.
Nach unsrer beider Übersicht
stellten wir fest: Da warn sie nicht!

Wir fragten uns: Wo sind sie bloß?
Hektisch ging nun das Suchen los.

In allen Zimmern war'n wir schon
und es lief uns die Zeit davon.

Doch endlich rief ich laut: »Hurra!
Die Eintrittskarten liegen da
fast ganz verdeckt, wie ich es seh',
durch Schriftstücke hier am PC.«

Jetzt der Entschluss so auf die Schnelle:
»Wir fahr'n die eine Haltestelle
nun mit der Tram, denn es wird knapp!«
Bevor wir da war'n, fuhr sie ab.

Zu Fuß den halben Kilometer,
wird's per Gefühl viel schneller später.
Abrupter Stopp mit Atemnot,
die Ampel schaltete auf rot.

Doch kamen wir gerade an,
als dort der dritte Gong erklang.
Nun gab's für uns – noch war's hier helle –
auch einmal 'ne La-Ola-Welle.

Die Sitzreihe kam so in Schwung!
Entschuldigung! Entschuldigung!
Keiner doch reagierte kleinlich.
Doch uns war's trotzdem äußerst peinlich.

Pubertät und Aufklärung im Wandel der Zeit

Natürlich schreib' ich – ist doch logisch –
erst mal entwicklungsphysiologisch:
Ein jedes Menschenkind gerät
In diesen Zustand: ›Pubertät!‹.
Die führt – das muss ich nicht erklären –
zur Fähigkeit, sich zu vermehren.

Bis die Geschlechtsreife erreicht,
ist dieser Wandel oft nicht leicht!
Nicht nur am Körper spürt man's stark;
Oh nein, auch psychisch merkt man's arg.
Auch Eltern kriegen – nicht zu knapp –
von diesem Wandel vieles ab.

Sprach Hänschen sonst: „Mädchen sind öde"
und Lieschen: „Jungens sind sooo blöde",
schaut Hans während des Wandels dann
die Girls mit andren Augen an.
Liesel nun registriert den Blick
und macht sich drum besonders schick.

So weit – so gut, das kennt man ja,
die Pubertät war immer da.
Doch was mir aufgefallen ist:
Der Wandel in der Zeiten Frist.
Gedanken, welche nach noch klingen,
möcht' ich zudem zum Ausdruck bringen:

Auch in den Kriegs- und Nachkriegsjahren
hat man die Pubertät erfahren.
Doch hat man sie verschämt verborgen.
Man hatte damals andre Sorgen.
Zudem kam noch die Prüderie,
aus diesem Grund verschwieg man sie.

Von Aufklärung gab's keine Spur;
manchmal gab's Andeutungen nur.
Für Jugend in Entwicklungsnot
gab's eher ein Gesprächsverbot.
Man war eben zu jener Zeit
aufklärungsmäßig nicht so weit.

Ein wesendlicher Grund von allen:
Die Väter war'n im Krieg gefallen!
Die Mütter taten sich daher
mit Aufklärung der Söhne schwer.
So manche hat ein Buch versteckt,
doch so, dass es der Sohn entdeckt.

Kurzum: Es siegt bei Keuschheitszwang –
der sexuelle Forschungsdrang!
Trotz der Erzieher Rederei,
dass Handbenutzung schädlich sei,
sind sich die Artigen und Frommen
mit Schuldgefühlen nah' gekommen.

Sex-Themen haben mit den Jahren
dann einen Auftriebsschub erfahren.
Recht deutlich zeigte sich der Wandel
im sexuellen Einzelhandel.
Versandhandel ›Beate Uhse‹
ward für Verklemmte eine Muse.

Den ersten Sexshop auf der Welt
hat sie in Flensburg hingestellt.
Der Handel boomte jederzeit
bis auf den heut'gen Tag – weltweit!
Mit dem, was sie vorangetrieben,
hat sie Geschichte wohl geschrieben.

In solche Sex-Aufklärerrolle
schlüpfte dann flink auch Oswalt Kolle.
Bücher, Filme mit Sex-Verstand
machten ihn schnell bekannt im Land.
Doch bei diesen Erotik-Szenen
würde man heutzutage gähnen.

Dann sah man Menschen Schlange stehen,
den Film „Die Sünderin" zu sehen.
Hildegard Knef wurde zum Star,
weil sie kurz nackt zu sehen war.
Dies zog die Leut' – auch mich – an, magisch.
Die Film-Geschichte doch war tragisch.

Nun ja, im pubertären Alter
War solches ein Erhellungs-Schalter.
Heut kriegt man Sexszenen frei Haus!

Kein Spielfilm – scheint's – kommt ohne aus.
Nackte im Fernseh'n gibt's zuhauf
und niemand regt sich drüber auf.

Ob das nun schlecht ist oder gut?
Zur Freiheit braucht man immer Mut!
Geht Freiheit manchmal auch zu weit?
Das Urteil kommt erst mit der Zeit!
Das, was mir aufgefallen ist,
ist der Entwicklung Hinterlist.

Das ist doch nicht nötig!

Die Einladung, welche ein Paar hat bekommen,
hat diese – darüber erfreut – angenommen.
So standen die beiden auch bald vor dem Haus
und wickelten dort schon den Blumenstrauß aus.

Sie läuteten kurz und die Tür ging gleich auf;
Begrüßung sehr herzlich mit Worten zuhauf.
Der männliche Gast hat die Blumen soeben
der Dame des Hauses galant übergeben.

Sie nahm – daran schnuppernd – den Strauß nun entgegen.
»Das ist doch nicht nötig«, so sprach sie verlegen.
Der Geber empfand ein verbales Versagen,
denn, was kann man auf solche Worte schon sagen?

Auf Floskeln wie diese – ist mir aufgefallen –
ist keinem ein treffender Satz eingefallen.
Ein heftiges Nicken, dazu ein ›Oh doch!‹,
das waren die geistreichsten Antworten noch.

~

Dies Büchlein schrieb ich am Computer allein.
Zum Lesen der Verse lud gerne ich ein.
Sie folgten der Einladung durch Ihren Kauf.
Die Türe zu meinen Gedanken ist auf.

Sie haben mein Reim-Buch bis hier nun gelesen?
Ich sag' nicht: »Das wär' doch nicht nötig gewesen!«
Doch drücke ich aus, was ich wirklich verspür'
und sage erfreut einfach: »Danke!« dafür.

Arno Hildebrandt

Autoren-Info

Arno Hildebrandt,
1936 in Düsseldorf
geboren, seit 1972
in Augsburg lebend.
Evangelisch getauft
und erzogen.
Verheiratet,
zwei Kinder,
zwei Enkelkinder.

arnohildebrandt@freenet.de

Beruflich war ich in der Werbebranche
und zudem nebenberuflich als bildender Künstler
und anschließend freischaffend tätig.
Mit meinen Bildern hatte ich zahlreiche regionale
und überregionale Ausstellungen.

Seit Langem bereits beschäftige ich mich schon
mit Lyrik und dem Verfassen von Gedichten.
Nach dem Erscheinen meiner ersten zwei Bücher
»Geschichten aus dem Alten Testament
lyrisch interpretiert« und
»Geschichten aus dem Neuen Testament
lyrisch interpretiert«
ist dieser Gedichtband keinem durchgehend
festen Thema gewidmet,
sondern diesbezüglich breit gefächert.

Daher war das Schwierigste an diesem Buch
für mich, es zu beenden, weil mir ständig
neue Themen einfallen, die ich noch
in Gedichtform umsetzen will –
und danach wohl auch noch werde.

Arno Hildebrandt

2012 erschienen:

In diesem Buch werden möglichst bibelnah
die Geschichten von Adam und Eva,
über Noah, Abraham, Moses, Samson
und David bis hin zu Salomo
in einer eigenwilliger Art in Reimform interpretiert.
Zudem werden die Texte stellenweise
humorvoll und Fragen aufwerfend kommentiert.
Die Hinweise unmittelbar am Rand
der jeweiligen Seiten der insgesamt
133 Einzelgeschichten erleichtern das
Nachschlagen der diesbezüglichen Bibelstellen.

Taschenbbuch, 360 Seiten
ISBN 978-3-940868-98-5

E-Book ISBN 978-3-95781-003-8

2015 erschienen:

Von den Kapiteln des Neuen Testaments inspiriert, werden hier die Geschichten über das Leben, Wirken, Leiden, Sterben und Auferstehen Jesu in Reimform interpretiert. Ergänzend sind auch Texte, u.a. des Protevangeliums des Jakobus mit einbezogen. In abgesetzten Versen werden Abschnitte – teilweise auch fragestellend – kommentiert. Das letzte Kapitel befasst sich mit den aufschlussreichen Gleichnissen Jesu. Durch die gewissenhafte Vorlagentreue und seine individuelle Ausdrucksweise ist hiermit ein inspirierendes Buch gelungen.

Taschenbbuch, 320 Seiten
ISBN 978-3-95744-728-9

E-Book ISBN 978-3-96008-167-8